La huelga

Constancia histórica que dejó 253 despidos

Mi Biografía

Primera Temporada

Javier Hernández Acosta

Título original: La huelga
Subtítulo: Constancia histórica que dejo 253 despidos
©Todos los derechos reservado
©Javier Hernández Acosta, 2024

Diseño de Portada: ©Javier Hernández Acosta
Maquetación: Javier Hernández Acosta
Fotografías: ©Javier Hernández Acosta.

Primera Temporada, noviembre 2024.

Esta obra se encuentra registrada en la Dirección Nacional de Derechos de Autor de Colombia.

El contenido de esta obra está protegido por la Ley, queda prohibida la reproducción total o parcial por cualquier medio de impresión, en forma idéntica, extractada o modificada, en castellano o en cualquier otro idioma.

Índice

Dedicatoria 7

Introducción 9

Laudo Arbitral 15

Decreto 1760 49

La Huelga 67

Levantamiento de la huelga 141

Epílogo 161

Sobre el Autor 167

Agradecimientos 171

Dedicatoria

Dedicado a:

A mi madre Rosalbina Acosta que está en el cielo y a mi Padre Rafael Hernández.

A mi querida esposa Liliana Isabel, compañera de historias, a mis dos hijos Ronald Javier y Sergio Andrés, que sirva de guía en los múltiples procesos de sus vidas para lograr sus sueños.

Introducción

Los apartes de esta autobiografía se relacionan dentro de todo un proceso de situaciones documentadas mediante actas, videos, proceso de negociación colectiva de trabajo, laudo arbitral del año 2003, decreto 1760, informes de noticieros y medios de comunicación hablados y escritos, informes de periódicos de la época, documentos públicos, fotos de los momento coyunturales, testimonios de personas de carne y hueso que vivieron los acontecimiento que aquí se mencionan alrededor de lo ocurrido antes y durante la huelga del año 2004 entre Ecopetrol y su sindicato mayoritario UNION SINDICAL OBRERA "USO" en Colombia.

Donde se narran los hechos desde uno de los 253 despedidos que dejó el conflicto huelguístico en el sector petrolero de Colombia en el año 2004. Quien vivió en carne propia todo lo sucedido antes, durante, y después de dicho conflicto huelguístico, no para señalar y sí que menos para juzgar, lo hago desde una mirada de la experiencia para aprender objetiva y subjetivamente como una situación que podía tener diversas soluciones, termino en un desenlace lamentable para la organización sindical, para sus trabajadores y en especial para los 253 trabajadores despedidos.

Se explica de forma detallada los diversos antecedentes que motivaron la declaratoria de dicha huelga, que para mi concepto y el de muchos otros debió haberse realizado mucho antes de cuando fue decretada, si esa hubiese sido la mejor decisión en su momento. Acá se trata de explicar el contexto de todo el proceso previo, los posibles escenarios donde se pudiese haber evitado esta decisión, que al parecer no fue acompañada de la mejor acción, en la búsqueda de conseguir el objetivo para lo cual se planteaba tal decisión.

La huelga es un proceso como cualquier otro proceso de la vida, en donde el resultado favorable o desfavorable, dependerá única y exclusivamente del real empuje, trabajo, dedicación, empeño, unión, planeación, persistencia, consistencia, y muchas otras herramientas necesarias para conseguir el objetivo planteado, e incluso de ser necesario dar un paso atrás para poder seguir avanzando, sin dejar de intentarlo hasta conseguir dicho objetivo.

La mente de cualquier ser humano individual en su colectivo permanentemente está resolviendo dos aspectos muy determinantes que conllevan a un mejor o peor desarrollo de su existencia, que son LAS DECISIONES y LAS ACCIONES.

Para el caso en particular las decisiones y acciones que se tomaron en dicho proceso huelguístico puedo decirlo y comprobarlo que desde mi punto de vista se tomaron las peores decisiones, en los peores momentos. Además, pudiésemos decir que, si dichas decisiones hubiesen estado acompañadas de las mejores acciones, el resultado hubiese sido incluso favorable a los objetivos que se perseguían en dicho momento.

Mi objetivo de fondo es que la historia de lo sucedió en dicha huelga del sector petrolero en Colombia, tenga un punto de vista diferente al que muchos otros participantes han querido mostrar, pero que difícilmente podrán argumentar, debido a la existencia de documento tangibles, como actas, laudo arbitral del año 2003, decreto

1760, entre otros que hacen referencia a los resultados reales de dicha situación en dicho momento.

Y así, futuras generaciones que puedan estar en momentos similares en cualquier sector de la industria, tengan los mejores y mayores argumentos para tomar las mejores decisiones acompañadas de las acciones más necesarias para lograr sus objetivos.

En Esta biografía, se refiere a todo lo sucedido en la huelga del sector petrolero en Colombia, es un relato muy real de lo sucedido desde mi punto de vista, por haber hecho parte de muchos de los momentos que dieron origen a esta huelga, como fue la asamblea de delegados donde fue aprobada la realización de dicha huelga por la máxima autoridad del sindicato, en la cual era uno de esos delegados elegidos por los trabajadores afiliados al sindicato UNION SINDICAL OBRERA "USO", lo que me permitió estar muy cerca en dichos momentos, entre otros, que hacen parte de esta historia de la vida real.

Existe mucho tabú sombre las huelgas a nivel general, considero que es un proceso como cualquier otro, la diferencia es que en esta intervienen diversos actores que hacen de ella un escenario muy complejo, donde podría decir que solo unos pocos pueden tener el control y dependiendo de sus reales perspectivas y posibilidades pueden hacer que ella tenga éxito o no, aunque si la gran mayoría se apropiase de cada decisión alrededor de una huelga y demás decisiones que busquen beneficios generales, esta misma mayoría pudiese tener el control no solo de la huelga, sino de mucho más.

Lo cual no es nada fácil, debido a que esa gran mayoría tiene diferentes escenarios del día a día, que los conllevan al constante desenfoque y por ende a perder el control de su propio destino como núcleo real de la gran fuerza que puede ejercer un sindicato con objetivos generales, colectivos y en constante retroalimentación de información y de sus órganos de dirección.

¡Comencemos!

Laudo Arbitral

Para comenzar quiero describir cómo empezó esta gran historia que para muchos puede ser solo un relato desde un punto de vista de los hechos, mucho de estos relatos están soportados por hechos reales sustentados en documentos públicos como actas de acuerdos firmadas, Decreto 1760, Laudo Arbitral del año 2003, noticias de amplia difusión nacional e internacional en diversos medios hablados, escritos y en redes sociales, relatos de las personas que vivieron en carne propia muchos de esos momentos de la historia y otros de mucho antes como la huelga del año 1977, entre muchos otros informes y documentos que podrás corroborar.

Primero que todo decir que dicho evento sucedió en Colombia, en donde existe la Empresa Colombiana de Petróleos llamada por la sigla "Ecopetrol S.A," es una empresa industrial y comercial del estado creada por la ley 165 de 1948 y organizada mediante el decreto 030 de 1951 y reorganizada mediante los decretos 3211 de 1959 y 072 de 1970 y 1209 de 1994 y escindida mediante decreto 1760 de 2003 que la reorganizó en una sociedad pública por acciones con el nombre de "ECOPETROL S.A", vinculada al Ministerio de Minas y Energía y regida en su estructura orgánica interna por el decreto 2394 de noviembre de 2003.

En la empresa Colombiana de Petróleos ECOPETROL, al momento de los hechos coexistían legalmente dos sindicatos de primer grado y de industria, LA UNIÓN SINDICAL OBRERA DE LA INDUSTRIA DEL PETRÓLEO de sigla "USO" y la asociación de directivos y profesionales y técnicos de la empresa de la industria del petróleo de sigla "ADECO", el primero LA USO agrupaba a más de las dos terceras partes (2/3) del total de los trabajadores de la empresa y a menos del cincuenta y uno por ciento de los mismos, ambos con domicilio principal en el municipio de FACATATIVA (Cundinamarca).

La USO fue creada el 10 de febrero de 1923, con el nombre inicial de "Sociedad Unión Obreros". Es decir, ya la

USO ha cumplido su primeros cien años y Dios permita que siga cumpliendo muchos años más.

Siendo la USO el sindicato mayor minoritario y ADECO el sindicato menor minoritario y de acuerdo al Decreto Reglamentario 1373 de 1966 Artículo 11 numerales 2, 3 y 4. Les correspondía conjuntamente la representación de los trabajadores sindicalizados de la empresa.

Es importante aclarar que el Sindicato ADECO en su asamblea del personal sindicalizado aprobó adherir sus peticiones al pliego de la USO, para presentar un pliego unificado.

Dicho pliego presentaba 24 nuevos puntos, de los cuales del 1 al 17 y del 21 al 24 se referían más que todo a la política petrolera que según la USO debería tener Ecopetrol y el Gobierno Nacional, los cuales eran los puntos claves para la USO.

Fue así como el 28 de noviembre de 2002 se presentó el pliego de peticiones de la USO el cual llevaba inmersa las peticiones de ADECO, cuya pretensión era firmar una nueva convención colectiva para los años 2003 hasta el año 2004, por un periodo total de dos años.

"El 18 de diciembre de 2002, en el edificio principal de Ecopetrol desde las 8:30 pm hasta las 11:00 pm, se reunieron por parte de la administración y el gobierno, el señor Luis Ernesto Mejía Castro Ministro de Minas y

Energía, Isaac Yanovich Farbajarz Presidente de Ecopetrol, Gustavo Jimeno Escolar Vicepresidente de Personal, Víctor Eduardo Pérez Herrera Vicepresidente de Exploración y Producción, Carlos Alberto Sandoval Reyes Vicepresidente Financiero, Raúl Betancourt Escobar Gerente Asuntos Laborales. Asistentes por la dirigencia sindical, Carlos Rodríguez Díaz Presidente de la Cut, Rodolfo Gutiérrez Niño, Presidente de la USO, Juan Ramón Ríos Monsalve, Dirigente de la USO Nacional, Daniel Rico Serpa, Dirigente de la USO Nacional, Fabio Días González, Dirigente de la USO Nacional, Gabriel Alvis Ulloque Dirigente de la USO Nacional. Cuyo objetivo de dicha reunión era la de discutir y acordar los términos para el inicio de la Negociación Colectiva entre Ecopetrol y la Unión sindical Obrera de la Industria del Petróleo USO.

Los acuerdos a los que llegaron fueron:

PRIMERO: El día 13 de enero de 2003, con la participación de las comisiones de negociadores de la Administración y del sindicato, se instalará en el club de Ecopetrol en Bogotá, la mesa de negociación de la convención colectiva 2003 – 2004, y se dará inicio a la etapa de arreglo directo. La USO llevará a este escenario el pliego de peticiones y de igual manera la empresa llevará a este escenario la denuncia de la convención colectiva que realizó en los términos señalados en la ley.

SEGUNDO: El día 26 de diciembre de 2002, se reunirá una comisión paritaria conformada por (5) participantes de la administración y (5) participantes del sindicato, que se denominará paralela y que tratará exclusivamente los siguientes puntos.

Terminación de los contratos laborales de 11 trabajadores de la refinería de Cartagena, por hechos ocurridos en el mes de noviembre de 2002.

Facilidades de logística y desplazamiento (garantías) para la dirigencia sindical durante el periodo de la negociación colectiva 2003 – 2004.

TERCERO: Como un acto de buena voluntad conducente a que la negociación se desarrolle dentro del mejor clima de normalidad, las partes propenderán por unas relaciones de confianza mutua que permitan la solución de los conflictos y contradicciones que se puedan presentar en el proceso de negociación." (Copiado textualmente del acta de dicha reunión de diciembre 18 de 2002).

Llegado el día de la reunión del 13 de enero de 2003 de acuerdo a lo acordado, y según acta levantada por los que se presentaron a dicha reunión, no se presentó ningún dirigente del sindicato, ni la comisión negociadora de la USO, pero la empresa dejo constatación de dicha no comparecencia ante la inspectora dieciséis de trabajo del grupo de inspección y vigilancia.

Motivo por el cual fue necesario convocar a otra reunión. "El día 28 de enero de 2003, en el piso 11 del edificio principal de Ecopetrol, de 6:00 pm hasta las 7:30 pm, donde estuvieron por parte de la administración Isaac Yanovich Farbajarz Presidente de Ecopetrol, Gustavo Jimeno Escolar Vicepresidente de Personal, Raúl Betancourt Escobar Gerente de Asuntos Laborales, y por parte de la dirigencia sindical asistieron Rodolfo Gutiérrez Niño Presidente de la USO, Gabriel Alvis Ulloque Vicepresidente de la USO, Daniel Rico Serpa Secretario de Derechos Humanos de la USO". (Copiado textualmente de dicha acta de reunión efectuada el 28 de enero de 2003)

En donde se fijaron fechas para acordar el acta de garantías de la negociación, fijar fecha de inicio de negociación y por ultimo fijar inicio de reunión de una comisión especial de 5 representantes de la administración y 5 representantes del sindicato para tratar única y exclusivamente el tema de la terminación de contratos laborales de 11 trabajadores de la refinería de Cartagena, por hechos ocurridos en el mes de noviembre de 2002.

Fue así que dicha reunión se efectuó el 6 de febrero de 2003, dando como resultado la firma del acta de garantías para el inicio de la negociación colectiva, donde se fijaba el día 10 de febrero como día de inicio de la etapa de arreglo directo a las 2:00 pm en la ciudad de Bogotá.

Ya el día 10 de febrero de 2003, se reunieron en el club social y deportivo de Ecopetrol en la ciudad de Bogotá, la comisión negociadora de Ecopetrol y la Comisión negociadora de la USO, con la presencia del Dr. Eduardo Antonio Mendieta de la dirección territorial del trabajo de Cundinamarca, junto a los asesores de la USO Nacional, funtraenergética y adeco, dando inicio de manera formal a la etapa de arreglo directo de la negociación colectiva entre ECOPETROL y la USO.

Los primeros tropiezos de dicha negociación se dieron cuando los negociadores de la empresa quisieron imponer su pliego de peticiones para ser tenido en cuenta en dicha negociación, lo cual generó los primeros impases que después de un gran debate jurídico político, la USO decide no aceptar dicho contrapliego, que de entrada enviaba muchos mensajes de lo que podía pasar en el desarrollo de la negociación.

Los días fueron trascurriendo con mucha normalidad sin avances significativos muy normal de cualquier negociación, al parecer en la siguiente etapa de la prórroga es donde el acelerador y los puntos de encuentro empiezan a florecer.

Trascurridos los primeros 20 día de arreglo directo se reunieron el primero de marzo de año 2003, por una parte, los representantes de Ecopetrol Felipe Castilla Canales Vicepresidente de Refinación, Héctor Manosalva Rojas

Gerente Sur, Lucy García Gerente de Asuntos Laborales y por otra parte en representación de la Unión Sindical Obrera de la Industria del Petróleo, USO, los señores Rodolfo Gutiérrez Niño, Presidente de la USO, Gabriel Alvis Ulloque, Dirigente de la Uso Nacional y Daniel Rico Serpa Dirigente de la USO Nacional, los cuales acuerdan 20 días calendario de más, como prórroga de la etapa de arreglo directo. (Información tomada de dicha acta de reunión efectuada el primero de marzo de 2003)

Si bien es cierto que se llegaron a algunos muy pocos acuerdos, después de incluso haber firmado acta de prórroga del primero de marzo de 2003 no fue posible que dichas negociaciones terminaran de forma exitosa y el 21 de marzo de 2003, concluyeran sin lograr un acuerdo integral de la convención colectiva. Fue así que la comisión negociadora de la administración ese mismo día, levantó y firmó acta de finalización de etapa de arreglo directo de la negociación colectiva de trabajo 2003 – 2004, en donde informaban, que a pesar que la comisión negociadora del sindicato se presentó, dejaron constancia que no firmarían dicha acta. (Información tomada del acta de reunión efectuada el 21 de marzo de 2003).

Lo que conllevó a que el Ministerio de Trabajo y Seguridad Social mediante resolución 000382 del 25 de marzo del 2003, la cual fue confirmada con resolución 001273 del 29 de mayo del 2003, ordenó constituir un

Tribunal de Arbitramento Obligatorio para que se decidiera el conflicto existente entre la organización sindical Unión Sindical Obrera de la Industria del Petróleo USO y la empresa Ecopetrol.

Como podemos evidenciar, se realizó un procedimiento jurídico en orden cronológico de fechas, en donde inicialmente el Presidente de Ecopetrol del momento Isaac Yanovich Farbajarz en fecha 25 de marzo del año 2003, solicita al Ministerio de la Protección Social, la convocatoria del Tribunal de Arbitramento Obligatorio.

La cual fue respondida de manera favorable por el Ministro de la Protección Social mediante la resolución 000382 del 25 de marzo del 2003.

A dicha resolución 000382 del 25 de marzo del 2003, La UNIÓN SINDICAL OBRERA "USO" presentó recurso de reposición, el cual fue resuelto mediante la resolución 001273 del 29 de mayo del 2003.

Se trascribe de la resolución N° 0001273 del 29 de mayo del 2003, la parte que motiva dicha decisión de confirmación de la resolución N° 000382 de marzo 25 de 2003:

"Para resolver se considera:

Que, no obstante, los argumentos presentados por el recurrente no atacan directamente el contenido de la providencia impugnada, este despacho procede a hacer un análisis de la Resolución N° 00382 del 25 de marzo de 2003, frente a los mencionados argumentos y la documentación que obra en el expediente de la actuación administrativa que realizó este Ministerio, que culminó con la decisión de ordenar la convocatoria del tribunal de Arbitramento.

Que en el expediente obra copia del acta de fecha 10 de febrero de 2003, que corresponde a la iniciación de la etapa de arreglo directo de la negociación colectiva, documento que fue suscrito por las comisiones negociadoras de ECOPETROL y de la USO, y se encuentra copia del acta de acuerdo del primero de marzo de 2003 firmada por los integrantes de ambas comisiones negociadoras en las cuales se consideró que: "las partes acuerdan prorrogar, a partir del domingo dos de marzo de dos mil tres, la etapa de arreglo directo dentro del actual proceso de negociación 2003 – 2004, iniciado el pasado 10 del mes de enero del año dos mil tres, por el termino de veinte días calendario". De igual manera, aparece copia del acta del pasado 21 de marzo sobre la finalización de la etapa de arreglo directo suscrita únicamente por los negociadores de la empresa en la cual se dejó constancia de que, a pesar de haber asistido la comisión negociadora de la USO, los mismos manifestaron que no suscribían el acta en mención.

Que del estudio de los documentos relacionados en el párrafo anterior se concluye con toda claridad que en el conflicto colectivo desatado entre la Empresa Colombiana de Petróleos ECOPETROL y la organización sindical, se surtió la etapa de arreglo directo, aunque no se lograrán acuerdos totales o parciales sobre el pliego de peticiones presentado por la USO. Sobre este particular se considera pertinente señalar que las actuaciones administrativas de este Ministerio, no están facultadas por la ley para obligar a las partes que intervienen en la negociación colectiva a tratar sobre determinados puntos de los pliegos de peticiones de los sindicatos ni sobre los aspectos a los cuales se refirieron las empresas en la denuncia de la convención, por cuanto su función se limita a cumplir con lo que establece el artículo 433 del Código Sustantivo del trabajo., modificado por el artículo 21 de la ley 11 de 1984, es decir, a intervenir y sancionar si es el caso, cuando el empleador se niegue o eluda iniciar las conversaciones de arreglo directo dentro del término señalado en la ley.

Que en lo que respecta a la afirmación que hace el recurrente en el sentido de que en este caso la convocatoria del tribunal de arbitramento configura indebida utilización de esta institución jurídica, este despacho aclara que el arbitramento obligatorio es un mecanismo de solución de los conflictos colectivos de trabajo que contempla de manera expresa el Capítulo VI del título II "Conflictos colectivos de trabajo" del Código Sustantivo de Trabajo, y en la presente actuación administrativa la convocatoria del tribunal no es indebida sino que constituye un deber legal para este Ministerio, si se tiene en cuenta que el artículo 452 del Código Sustantivo de Trabajo, subrogado por el artículo 34 del decreto Ley 2351 de 1965 y modificado por el artículo 19 de la ley 584 del 2000, establece que serán sometidos a arbitramento obligatorio: a) Los conflictos colectivos de trabajo que se presenten en los servicios públicos esenciales y que no hubieren podido resolverse mediante arreglo directo.

Que, por lo tanto, como está plenamente demostrado que las comisiones negociadoras de la Empresa Colombiana de Petróleos ECOPETROL y la Unión Sindical Obrera de la Industria del Petróleo USO, agotaron la etapa de arreglo directo de la negociación colectiva sin haber logrado un acuerdo total sobre el pliego de peticiones presentado por la citada organización sindical, no puede este Ministerio acceder a revocar la decisión de ordenar constituir el tribunal de arbitramento obligatorio, como lo pretende el recurrente, por cuanto tratándose de conflictos colectivos en empresas cuya actividad está definida como servicio público esencial, si no se logra un acuerdo entre las partes lo pertinente es la convocatoria del tribunal obligatorio, según lo dispone el literal a) del artículo 452 del Código Sustantivo del Trabajo., ya citado.

En mérito de lo expuesto,

RESUELVE:

Artículo Primero: - Confirmar la Resolución N° 00382 de marzo 25 de 2003, por la cual se ordenó la constitución de un tribunal de arbitramento obligatorio en la Empresa Colombiana de Petróleos ECOPETROL.

Artículo Segundo: - Notifíquese a los jurídicamente interesados de conformidad con lo establecido en los artículos 44 y 45 del Código Contencioso Administrativo, previa advertencia que contra este acto no proceden los recursos en la vía gubernativa."

El proceso para convocar, constituir y designar los árbitros del Tribunal de Arbitramento Obligatorio dio su curso de forma tranquila y en los tiempos cronológicos establecidos soportado bajo el ordenamiento jurídico, para poder resolver y dejar en firme el Laudo Arbitral Obligatorio en diciembre 09 de 2003.

El Organismo Arbitral dispuso convocar a las partes EMPRESA Y SINDICATO para ser oídas en audiencia pública, oficiándolas previamente para que comparecieran e hicieran llegar a las Secretaría del Tribunal:

Los antecedentes del conflicto.

El pliego de peticiones.

Las denuncias.

Las actas de negociación.

La Convención vigente.

Los acuerdos en mesa.

Las ofertas si hubiere.

Los comunicados.

La descripción del Conflicto.

Lamentablemente el día de la citación propuesta al sindicato, reunidos los Árbitros y el secretario dejaron constancia que nadie se presentó, ni se recibió llamada o se recibió algún escrito, se elaboró dicha acta y se aprobó.

Lo contrario de lo sucedido en la citación de la empresa quiénes, si se hicieron presentes a dicha citación con una comisión encabezada por el propio Presidente de la empresa en dicho momento, donde presentaron todas las argumentaciones a los diferentes temas y donde se aportó documentación que fueron tenidas muy en cuenta por parte del Tribunal de Arbitramento para tomar las decisiones finales.

Nota: Toda la información referente al Laudo Arbitral del año 2003, es una información pública que está debidamente registrada en El Ministerio del Trabajo de Colombia en el grupo de archivo sindical, donde podrán solicitar las copias que necesiten revisar.

Como se puede evidenciar en el Laudo Arbitral del año 2003, donde recopila toda la información del Tribunal de Arbitramento Obligatorio, las pruebas, documentos, testimonios y demás, se puede observar que las pretensiones de Ecopetrol desde sus inicios con la denuncia del contra pliego en donde son ellos los que empiezan a entorpecer el buen desarrollo de la negociación desde sus inicios, generando las primeras discusiones de todo lo allí planteado. Buscando al parecer que la negociación no tuviese el resultado esperado de lograr un acuerdo, entre las partes...

La USO denuncia un nuevo artículo 122 que buscaba mejorar el tema de la estabilidad laboral para los trabajadores.

Según el tribunal atendiendo las reglas que inspiran los principios de equidad y justicia en que debe apoyarse la decisión, llamó especial atención, la presentación y sustentación que hiciera el propio Presidente de la empresa de las razones que condujeron a denunciar algunas cláusulas del convenio colectivo de trabajo vigente, es decir lo denunciado por ellos en su contrapliego.

En los anexos del Laudo, podemos ver, que fue de gran ayuda para Ecopetrol la comparecencia del Presidente de la empresa, para sustentar las pretensiones de borrar de la Convención Colectiva de trabajo, el artículo segundo el cual agrupaba lo concerniente a la contratación de las actividades al interior de la empresa, al igual que el artículo 121 de Estabilidad Laboral, lamentablemente la organización sindical nunca se presentó ante el tribunal para controvertir dichas pretensiones, las cuales fueron tenidas en cuenta por el tribunal de arbitramento para el resuelve del final de dicho laudo arbitral.

Pero más lamentable no haber realizado la huelga antes que se decretará la constitución de dicho tribunal de arbitramento obligatorio que definiría el futuro de la Convención Colectiva o en el peor de los escenarios, haber retirado el pliego, para evitar que dicho Laudo fuese una realidad.

Solo con la pérdida de estos dos artículos desestabilizaban en gran forma la estructura de la empresa y del sindicato, al igual que se afectaba la moral de los trabajadores al dejarlos sin ninguna protección al perder la estabilidad laboral y ampliar el espectro sindical a la gran cantidad de firmas contratistas que hoy manejan todas las actividades que dejaron de ser realizadas de forma directa, por decir un numero podríamos estar hablando de más de cuarenta mil o muchas más personas, que son las que hoy realizan dichas actividades a nivel nacional, que antes se realizaban de forma directa, y al ser borrado de un plumazo el artículo segundo de la convención colectiva, se genera un gran daño en especial en los beneficios de todos los trabajadores que hoy tienen que empezar de cero a luchar por reconquistar nuevamente dichos derechos y beneficios perdidos y que aún hoy, sigue siendo un tema sin resolver de fondo.

Aquí se anexa algunas de las argumentaciones que presentó el Presidente de Ecopetrol ante el Tribunal de Arbitramento Obligatorio y que quedaron en la parte motiva de dicho Laudo del año 2003.

"La administración necesita garantizar la viabilidad de Ecopetrol en el largo plazo en atención a que la producción de petróleo cayó 29% entre 1999 y 2001, que el volumen de las exportaciones se redujo en 57% y su valor en dólares en 19% mientras las reservas disminuyeron también en 19%, que era necesario adoptar sistemas flexibles de trabajo que permitan la competitividad y ello era urgente por que los ingresos venían decreciendo más rápido, argumentando con ello que los trabajadores debían participar dentro de un sistema laboral bajo los principios de equidad y solidaridad que buscara la gobernabilidad y racionalizar los costos y gastos."

Entre otros aspectos sobre las pensiones y otros gastos que muy hábilmente el Presidente explicó al tribunal.

Estos aspectos fueron determinantes para que los Árbitros de dicho tribunal tomaran las decisiones que tomaron.

Gracias a una gran estrategia organizada por la administración de Ecopetrol quienes, desde el inicio tenían claro cuáles eran sus reales objetivos. Los cuales no tuvieron ninguna oposición contundente dentro del tribunal y mucho menos por fuera, ya que dentro no existía un árbitro nombrado por el sindicato, y que según los documentos revisados de dicho tribunal, el sindicato no nombró a nadie, motivo por el cual el Ministerio de la Protección Social mediante resolución número 002159 del 08 de agosto del 2003 nombró al Dr. Jaime Cerón Coral, como Árbitro de la Unión Sindical Obrera de la Industria del Petróleo "USO", es decir que la organización sindical no tenía a nadie que estuviese revisando mínimamente sus pretensiones en dicho Tribunal de Arbitramento Obligatorio y por otro lado, tampoco hizo nada para evitar la constitución y consolidación de dicho tribunal obligatorio, teniendo dos posibilidades para evitar que este fuese constituido como lo eran:

Retirar el pliego o haber realizado la huelga, ante la posibilidad de que existiese la creación de un posible Tribunal de Arbitramento Obligatorio, todo se dejó en las manos del destino sin hacer mínimamente lo que debía de haberse realizado y que otras organizaciones sindicales lo han hecho; como era haber retirado el pliego de peticiones y en otra oportunidad más adelante volver a presentar el mismo pliego o uno más condensado.

O si existía las ganas y fuerzas como se observa más adelante donde, sí se realiza la huelga... De lo cual considero, que este hubiese sido el mejor momento para haber realizado dicha huelga, además se tenía toda la legitimidad al no existir un acuerdo.

Al leer el resuelve del Laudo Arbitral en su artículo 13 denominado "sistema de contratación" y el artículo 14 del mismo denominado "estabilidad laboral", vemos la contundencia de todo un trabajo muy bien planeado y organizado, desde antes de iniciar la negociación colectiva, donde se tenía claro que era muy posible que no se iba a llegar a ningún acuerdo y desde mucho antes se tenía todo un libreto montado para cada una de las etapas de dicho proceso, en donde el sindicato sin darse cuenta le hizo el favor a la empresa al no tomar las decisiones más importantes en los momentos indicados para cada una de las etapas dentro del proceso de negociación, ya que al darse cuenta que ya faltando pocos días para cumplirse los tiempos estipulados de la negociación y no se acercaban a los puntos mínimos de encuentro para llegar a un acuerdo general y final del pliego, debió tomar una de las dos decisiones antes mencionadas, retirar el pliego, o hacer la huelga, antes que se solicitará la creación de un Tribunal Obligatorio que dirimiera y resolviera dicha negociación.

Cosa que fue lo que realmente sucedió. Dejaron pasar todos los tiempos establecidos y no tomaron ninguna de las dos decisiones trascendentales e importantes para impedir la creación del Tribunal Obligatorio, solo se dedicaron a recusar los árbitros nombrados en dicho tribunal en representación de la USO. es decir, no se tomaron decisiones que realmente tuvieran un efecto contundente para evitar la creación de dicho tribunal, como hubiese sido el retiro del pliego de peticiones o haber realizado la huelga como tal.

Dicho Tribunal de Arbitramento Obligatorio fue integrado por los Doctores: Héctor Arriaga Díaz, Jaime Cerón Coral, Víctor Manuel Uribe Azuero y como secretaria a Alexandra Díaz Nivia respectivamente. Es importante decir que no hubo acuerdo entre los dos árbitros inicialmente nombrados para nombrar el tercer Árbitro, siendo este también nombrado por el Ministerio de la Protección Social de conformidad con el numeral 3° del artículo 3° de la ley 48 de 1968, quien nombró al Doctor Héctor Arriaga Díaz. Es decir que dos de los árbitros fueron nombrados por el Ministerio de la Protección Social y el otro por la empresa Ecopetrol. Por lo cual es claro que no había nadie que fuese a defender el futuro de dicha Convención Colectiva en dicho escenario y por ende el resultado como tal del Laudo Arbitral, no pudo ser otro si no el ya conocido por todos.

Acá empezamos a hacernos algunas preguntas para el análisis de dicha situación, como, por ejemplo:

¿Por qué, no nombraron el árbitro que le correspondía a ellos como organización sindical?

Con esto se dejaba a la deriva dicho proceso, de pronto pensando que más adelante, el laudo se caería, según ellos por falta de bases jurídicas, pero al parecer no fueron bien asesorados, sobre dicho proceso en particular, a sabiendas que existía la posibilidad de no llegar a un acuerdo y los pasos que seguían cuando no existe un acuerdo en las partes era el ya conocido por todos, la constitución de dicho Tribunal de Arbitramento Obligatorio, solo quedaban dos opciones, haber retirado el pliego, o haber realizado la huelga, siendo está una herramienta legítima en dichos escenarios fallidos de negociación de pliegos de peticiones entre empresa y sindicato.

Al no haber realizado la huelga y tampoco retirar el pliego de peticiones, quedaba claro que se estaba aceptando el Tribunal de Arbitramento Obligatorio y mínimamente debían colocar a un árbitro que conociera a fondo la convención colectiva y defendiera los intereses de la organización sindical y sus afiliados, pero tampoco lo hicieron, siendo esta premisa la que siempre presentaron dentro de las recusaciones a los árbitros propuestos por el Ministerio de la protección Social. ¿Entonces por qué no lo nombraron ellos como su legítimo derecho?

¿Por qué la organización sindical no dio la cara al Tribunal de Arbitramento Obligatorio, para contrarrestar e informar de los avances obtenidos dentro del proceso de negociación, además de refutar la presentación que hiciere el Presidente de la empresa en dicho momento?

Muy a pesar de haber sido convocados el día 21 de noviembre de 2003 en audiencia pública para ser escuchados y poder en ese momento entregar toda la documentación e información necesaria para justificar sus pretensiones, pero no lo hicieron.

Lo contrario fue lo que hizo la empresa, quien si se presentó cuando fueron convocados el 24 de noviembre de 2003 con una comisión encabezada por el propio presidente de la empresa quien dio sus explicaciones muy convincentes sobre los temas que necesitaban resolver de fondo, el artículo segundo sobre las actividades que se debían a futuro contratar de manera indirecta y cuales seguirían siendo realizadas de forma directa por la empresa, como también el tema de la estabilidad de los trabajadores, dos temas demasiado relevantes en su momento, e incluso dejaron la documentación que soportaba sus pretensiones.

Haciendo una síntesis del resultado del Laudo, podríamos decir de acuerdo a los hechos, se puede resumir que el objetivo previamente planeado como logro a conseguir por parte de la empresa era derogar o borrar de la convención colectiva estos dos artículos muy relevantes e importantes para toda la estructura de la Convención, los trabajadores y el sindicato. Si nos detenemos a ver sus relación con los demás aspectos de la convención y de la empresa podríamos decir que hacen parte de la columna vertebral de dicha convención, debido a que una amarraba todas las actividades que se realizaban en toda la empresa y con este logro, de cierta forma se reducen en un porcentaje muy elevado las actividades que debía contratar de forma directa, las cuales pasaban a ser realizadas por empresas contratistas en donde sus trabajadores de entrada quedaban por fuera de la convención colectiva que en plata blanca quería decir que se reducía de forma considerable los gastos laborales tal y como quedó consignado en las declaraciones que hiciera el propio presidente de Ecopetrol ante el tribunal, y con el otro punto de la estabilidad, que al parecer no fuese importante, Pero…

Si se observa dentro de muchos ángulos podemos ver que hace parte también de la columna vertebral de la organización sindical que al perder este punto también se pierde la motivación de los trabajadores de tener un seguro, para salir a defender lo que aún les quedaba o tratar de recuperar lo que se estaba perdiendo en dicho momento, con este articulo la empresa estaba garantizando de alguna forma que lo que estaban ganando en ese momento a futuro fuese muy difícil de recuperar para el sindicato, al perder su estabilidad los trabajadores quedaban sin protección alguna ante situaciones de coyuntura, donde por cualquier circunstancia sería muy fácil para le empresa despedir a los trabajadores mediante procesos jurídicos disciplinarios o convencionales, donde podrían colocar sanciones más drásticas como lo fuese el despido a cualquier trabajador, por situaciones no tan fuertes como una huelga, así es como hoy se viene ejerciendo la gobernabilidad en todas las áreas de la empresa.

El artículo segundo de la Convención Colectiva que estaba vigente antes de presentar el nuevo pliego de peticiones, era en especial la joya de la corona, donde se disponían las actividades que se podían contratar y cuales eran realizadas con personal directo entre otras disposiciones contractuales y salariales.

Podemos observar en los apartes del laudo Arbitral, en su página 06, referente al tema de las notificaciones y en especial, la citación a presentar la defensa de las intenciones de cada parte, donde solo se presentó la empresa según dejaron constancias los árbitros de dicho tribunal.

Es decir que el Tribunal solo tenía la opinión y los documentos de una de las partes, pero dejaron muy en claro que le dieron la oportunidad al sindicato de hacer sus observaciones y presentar su documentación que hubiese sido importante.

Revisando la historia para buscar un hecho parecido y poder verificar si este proceder estaba acorde con el proceder del sindicato en otras épocas, encontramos que la Corte Suprema de Justicia el 24 de febrero de 1948 fijaba la constitución de un Tribunal de Arbitramento Obligatorio, en donde los trabajadores petroleros afiliados a la USO delegaron al Abogado Diego Montaña Cuellar como su árbitro, y en cuyo resuelve de dicho laudo arbitral se consiguieron varios beneficios para los trabajadores entre ellos, el reintegro de todos los trabajadores despedidos en dicho proceso, mantuvieron las actividades de exploración y explotación de los pozos petroleros hasta el día que revirtiera la concesión de mares, como consecuencia del mantenimiento de las actividades, cuando el estado asumiera la explotación petrolera no tendrían que recibir en abandono sectores claves de la industria. Es decir que para ese momento se tomó una decisión más acertada donde lograron construir desde dicho Laudo en el año 1948 varios puntos a favor de todos los trabajadores. (Tomado del texto: "El petróleo es de Colombia y para los colombianos": la huelga de 1948 en Barrancabermeja y la reversión de la Concesión de Mares).

Por lo cual no se entiende por qué no se quiso nombrar mínimamente el árbitro que les correspondía, es como si se quisiera dejar en manos de otros el destino de la Convención Colectiva, ya que no tenían dentro del terreno a ninguna persona de carne y hueso que estuviese defendiendo dicho pliego de peticiones y por ende el resultado no podría ser otro.

Un Laudo que desmembraba el cuerpo de la anterior convención colectiva de trabajo al borrar de un plumazo dos puntos con demasiada relevancia para el sindicato y los trabajadores, y que haciendo un balance cuantitativo en lo referente al número de personas que perderían los derechos y beneficios consignados en dicha convención al pasar a ser trabajadores de otras empresas al servicio de Ecopetrol, estaríamos hablando alrededor de unos cuarenta mil trabajadores que hoy realizan dichas labores en empresas contratistas a nivel nacional y por ende la pérdida podría ser de más del 60% de la convención si lo vemos desde esa óptica cuantitativa, por no ser aún más realistas, además de la pérdida de la estabilidad que también era un golpe muy certero a toda la dinámica del sindicato a futuro, lo cual hoy es muy evidente.

Realmente uno se pregunta.

¿Qué pasó...?

¿Por qué no hubo una reacción más coherente y contundente...?

Más aún que en dicha época se vivía un ambiente muy fraterno de unidad y de activismo sindical, donde muchos nuevos cuadros del sindicato venían forjándose con muchos deseos de confrontación para defender lo que hubiese sido necesario defender.

Me acuerdo que las reuniones que hacía el sindicato en el club infantas, en las cuales eran masivas la participación de los trabajadores del total de todas las áreas alrededor de Barrancabermeja con porcentajes por encima del 90%, los cuales acudían a dichas reuniones que convocaba el sindicato después de las labores diarias, es decir existía mucha acogida, disciplina y empatía.

Aclarar que no se trata de buscar culpables, pero sí de buscar cuales pudieron ser las posibles fallas del proceso en general, que como cualquier otro proceso de la vida diaria, en donde las cosas no salen como queremos es apenas lógico buscarlas, para que encontremos donde hemos fallado, con la intención de obviamente aprender de ellas y no volver a repetirlas, por el contrario mejorar cada una de las estrategias, buscando perfeccionar nuestros procesos llámense como se llamen, creando de forma ordenada un paso a paso en donde para cada etapa del proceso se debe tener definido el que hacer, así las cosas estén saliendo bien o estén saliendo mal, es decir tener ya de antemano un manual para cada situación.

Y cada vez que encontremos errores se deben retirar del proceso para buscar una mejor forma de realizarlo, esto se debe realizar todo el tiempo hasta encontrar la mejor forma de hacerlo y ya en este punto se debe estandarizar y siempre buscar la mejora continua, todo va cambiando en el tiempo y cada día debemos de reformar nuestras estrategias en todos nuestros procesos de la vida.

Es importante mencionar que, por lo general en una negociación colectiva, existen para cualquier sindicato solo tres salidas posibles:

1. Que la negociación tenga éxito y llegue a un feliz término con un acuerdo entre empresa y sindicato que sería el mejor escenario posible.

En el cual cada parte según otros escenarios de experiencias muy parecidas, se debe ceder en sus pretensiones para buscar un punto intermedio de lo que a cada quien le interesa y busca, además de la fuerza y presión que cada quien realice para que sus resultados se den, pero que muchas veces depende de la resistencia y aguante de muchas personas que con el tiempo pueden ir cayendo en la desmotivación y terminar cediendo y eso no se puede controlar, ya que va en la conciencia y moral de cada persona.

Para tener éxito en estos escenarios el tiempo es muy importante para cualquiera de las dos partes, por eso las decisiones deben ser tomadas de forma consiente y de forma rápida, teniendo claridad de todo el contexto que se pueda presentar a futuro para cada una de las partes, Huelga o Tribunal de Arbitramento Obligatorio.

2. Proceder al retiro del Pliego de peticiones, lo cual lo han hecho muchos otros sindicatos, como por ejemplo sintracarbon (acá en Colombia), lo cual se hizo efectivo el 28 de marzo de 2020 en donde el sindicato sintracarbon le notificó a la Multinacional Carbones del Cerrejón que estaba retirando su pliego de peticiones el cual llevaba 60 días sin encontrar algún acuerdo, esto significaba dar por

terminado el conflicto colectivo de trabajo y la Convención Colectiva de Trabajo 2018 – 2019, se prorrogaba hasta el 30 de junio de 2020.

Lo cual abría una nueva posibilidad de volver a denunciar la Convención Colectiva de Trabajo a comienzos del mes de mayo de 2020 para presentar un nuevo pliego de peticiones, y fue así como pudieron lograr firmar su nueva Convención Colectiva de Trabajo con vigencia del 1 de julio de 2020 hasta diciembre 31 de 2003.

Fue así como este sindicato "sintracarbon," lograron encontrar a futuro mejores oportunidades para plantear nuevamente la negociación colectiva con más fuerza, mejor organización, mayor decisión de sus bases, un mejor ambiente, para poder finalizar con la firma de su nueva negociación colectiva, impidiendo la imposición del Tribunal Obligatorio.

Sintracarbón retira pliego de peticiones que presentó a Cerrejón

28 marzo, 2020 | Comunicados, Negociación Colectiva 2020

Comunicado No. 29 – Riohacha, 28 de marzo de 2020

A las 10:15 de la noche, hoy 28 de marzo de 2020, Sintracarbón le notificó a la

3. Al no conseguirse ningún acuerdo cada una de las partes tienen una posible salida, y deben tomar la decisión de forma consiente y rápida ya que cada proceso tiene sus tiempos pertinentes, dichas decisiones son, El Tribunal de Arbitramento Obligatorio, que como pudimos observar, en algunos casos solo deja desventajas para las pretensiones del sindicato.

La otra decisión es la realización de la Huelga, la cual es un mecanismo legal y político que tienen los trabajadores representados en su sindicato para buscar en un último escenario lograr un acuerdo. Pero existen al parecer dos formas de poderla llevar a cabo y es allí donde internamente surge el debate para ponerse de acuerdo y definir qué tipo de huelga realizar, si de forma política mediante la aprobación de la asamblea de delegados del organismo sindical o mediante las disposiciones legales vigentes, la cual se realiza con votación secreta de los trabajadores al interior de la empresa para aprobar o no la huelga con la intermediación del Ministerio del trabajo. Que más adelante miraremos como fue que se pudo aprobar esta decisión en la huelga del año 2004.

En este capítulo podemos analizar de forma muy real, las decisiones que tomamos y las que no tomamos, las cuales siempre tendrán una consecuencia, por lo cual debemos tenerlo muy en cuenta antes de tomar cualquier decisión.

Como parte de este análisis en este capítulo es necesario hacernos varias preguntas.

1. ¿Por qué el sindicato permitió que se constituyera el Tribunal de Arbitramento Obligatorio, existiendo dos alternativas muy claras que podían ser utilizadas para evitar su constitución?

2. ¿Por qué no se tomó, la decisión de realizar la huelga existiendo todos los argumentos requeridos en pleno conflicto de negociación?

3. ¿Por qué el sindicato no tomó la decisión de retirar el Pliego de Peticiones y esperó un mejor momento para volver a negociar, esperando replantear las estrategias y un mejor escenario, así como lo hizo sintracarbon?

4. ¿Por qué el sindicato no tomó la decisión de presentarse al Tribunal de Arbitramento Obligatorio a expresar sus argumentaciones del pliego de peticiones y adjuntar la documentación necesaria y requerida?

5. ¿Por qué el sindicato no tomó la decisión de nombrar el árbitro que le correspondía nombrar?

En todo proceso debemos de realizar nuestra propia autoevaluación de lo que se hizo y lo que no se hizo y que se debe hacer para mejorar. Aunque aquí se esté hablando de este proceso en particular esto debe aplicarse para todas las acciones del diario vivir de cada quien, si no evaluamos nuestros resultados, realmente no sabremos: ¿si vamos bien?, ¿cómo realmente nos fue?, ¿qué debemos mejorar? y muchas otras situaciones que merecen nuestro enfoque con la intención de no volver a cometer los mismos errores, para conseguir los mejores resultados cada vez que repitamos un proceso igual o parecido.

Para resumir, podemos decir como conclusión de este capítulo y en la búsqueda de encontrar las posibles fallas, podemos concluir que no se tomó ninguna decisión de fondo para incidir en los posibles resultados que se pudiesen desprender de todo este proceso de negociación, como pudimos evidenciar existían dos posibles decisiones para ser tomadas que hubiesen evitado la consolidación de dicho tribunal, pero que no se tomaron (no tomar una decisión, es también tomar una decisión) y ya constituido el tribunal se permitió que este actuará sin siquiera haber nombrado un árbitro que conociera y defendiera la convención anteriormente existente, entregando al final un laudo con consecuencias que aun hoy en día sigue sin ser resueltas de fondo.

Y, por último… Como se puede ver en la parte del resuelve de dicho Laudo Arbitral del año 2003, donde se toma la decisión por parte del Tribunal (deróguense los artículos 2do, 3ro, y 121), lo cual, desmembrada su Convención Colectiva, razones más que justas para haber realizado la tan nombrada huelga, que solo se quedó en una consigna llamada a ser recogida...

"Antes que Tribunal, Huelga General..."

Esta consigna que siempre se grita en cualquier actividad del sindicato, llámese paro, mitin, etc..., es un coro por todos los trabajadores en una sola voz, para darle a entender a la empresa que tenemos esa herramienta y que, si vemos en peligro la existencia de la Convención Colectiva, el futuro de los trabajadores y la empresa se hará uso de ella sí o sí...

En esta ocasión se permitió que se diera todo el proceso del Tribunal de Arbitramento Obligatorio. Que concluyera en un Laudo Arbitral Obligatorio el 09 de diciembre del año 2003, muy nocivo para la Convención Colectiva de Trabajo, y con grandes efectos a futuro, pero lamentablemente e inexplicablemente siempre se tenía el convencimiento, se decía y se gritaba en las consignas que antes de permitir la existencia de un Tribunal Obligatorio se tenía que realizar la huelga general.

¿Por qué entonces no se hizo la huelga en ese momento tan coyuntural y muy necesario...?

Se debió de aplicar la coherencia y hacer lo que siempre se gritaba, y que aún hoy se sigue gritando en una sola voz de los trabajadores, en las consignas...

"Antes que Tribunal, Huelga General..."

Decreto 1760

La segunda parte de esta historia que conllevo a la huelga del sector petrolero en Colombia, la cual también es muy necesario contarlo, fue cuando el Gobierno Nacional expidió el decreto 1760, el cual escindía a la actual Ecopetrol de ese momento en tres estructuras distintas *(La Agencia Nacional de Hidrocarburos, Ecopetrol S.A., y La Sociedad Promotora de Energía de Colombia S.A.).*

Es importante mencionar que se tuvo información previa por parte del sindicato sobre los por menores en borrador de dicho decreto, motivo por el cual en su momento se llevó a cabo una gran jornada de paro en donde los trabajadores literalmente se tomaron la refinería de Barrancabermeja el día 21 de febrero de 2003, fueron suspendidas las labores, la refinería en general fue paralizada, ese día fue una batalla campal en donde los trabajadores protestaron por las pretensiones de dicho decreto 1760, pero como de costumbre, la represión con lluvia de gases lacrimógenos, maltrato, golpes, y muchos otros más, los cuales generaron el pánico en la ciudad, además de los constantes emisiones del pito de la refinería, lo cual alarmó a toda la población ya que esto no era normal, dicho pito sonaba a determinadas horas, como lo eran la hora de entrada y salida de los trabajadores pero ese día cada 5 minutos los trabajadores lo hacían sonar, alertando a la población de que algo malo estaba pasando en la refinería de Barrancabermeja y en especial con el futuro de la empresa, dicho movimiento de paro empezó con una manifestación pacífica, que se fue saliendo de control, cuando la fuerza pública entró decidida a sacar a los obreros y obreras, hasta que llegó el punto del enfrentamiento directo entre ambos, obreros y fuerza pública, donde literalmente entraron más de 900 uniformados de la fuerza antidisturbios del ESMAD de forma agresiva, todo ello estaba ocurriendo dentro de las instalaciones de la refinería, lo cual ya era bastante riesgoso debido a todos los productos inflamables que se manejan dentro de cualquier refinería.

Foto del paro del 21 de febrero del 2003

Todo empezó cuando el sindicato en sus acostumbradas reuniones con los trabajadores los convocó a la cafetería central de la refinería, siendo las 06:00 de la mañana en un área alrededor de la entrada donde todo el personal que normalmente ingresaba a trabajar esperaba los respectivos transportes (buses, busetas y camionetas), para ser llevados hacia cada planta o área de mantenimiento; en dicho lugar decidieron reunir a todo el personal tanto de mantenimiento como de operaciones para presentarles un informe, al mismo tiempo se estaba presentando una emergencia en el muelle de la refinería en donde se estaba incendiando un remolcador que estaba cargando un producto muy volátil e inflamable, todo esto hacía que la tensión fuese mucho más grande para todos al interior de la refinería.

Cuando los dirigentes de la Junta directiva Nacional de la USO, Rodolfo Gutiérrez, Héctor Vaca, Roberto Smalbach Cruz y Juan Ramón Ríos entre otros, presentaban el informe sobre la posible imposición de dicho decreto 1760, los trabajadores empiezan a preocuparse y después de ello dan la orden de estar en máxima alerta, en asamblea permanente para tener a los trabajadores agrupados en dicho sitio, mientras ellos tomaban decisiones más a fondo del que hacer para evitar que dicho decreto fuese firmado y publicado, todo eso tenía tanto a trabajadores como a los Jefes de las plantas y demás en mucha zozobra y preocupación constante por lo que pudiese suceder.

Foto del paro del 21 de febrero del 2003

Pero, como era de esperarse no se demoró la reacción de la administración de la empresa que muy al parecer solicitó a los organismos de seguridad para que buscaran la manera de desalojar de las instalaciones de la refinería a los más de 1300 trabajadores que se encontraban agrupados en asamblea permanente.

Foto del paro del 21 de febrero del 2003

De forma gradual empezaron a llegar los uniformados del ESMAD, de inmediato los trabajadores reaccionaron y se dividieron por grupos desplazándose al interior de las diferentes plantas operativas de la refinería para evitar ser desalojados por la fuerza pública. Al mismo tiempo algunos trabajadores accionaban el pito de la refinería para alertar a la población, como una manera de pedir auxilio por la inminente confrontación y posible maltrato de la fuerza pública, dicho pito de la refinería era muy conocido por toda la población ya que sonaba todos los días seis veces al día, a las 5:15 am, 5:45 am, 6:00 am, 10:30 a.m., 12 del mediodía, y 4:30 pm. Pero ese día dicho pito sonaba de una forma inquietante y anormal para todas las personas habitantes de la ciudad que conocían sus ciclos, al escucharlo sonar cada 5 minutos, hacía que las personas del común pensaran que algo raro estaba sucediendo, por lo cual muchas de ellas al notar esta situación se acercaron a la entrada de la refinería para ver que estaba pasando, ya eso empezaba a agravar mucho más la situación.

Foto del paro del 21 de febrero del 2003

Luego de mucha angustia de forma inesperada algunas plantas se empezaron a paralizar lo cual pudo haber sido por razones de seguridad para evitar situaciones que lamentar ya que allí existían variedad de productos inflamables y en grandes cantidades, como gasolina, diésel, aromáticos, disolventes, entre muchos otros, que podrían conllevar a una posible tragedia, en ese momento ya había más de dos batallones de fuerza pública al interior de la refinería dispuestos a sacar a la fuerza a los trabajadores que se encontraban replegados por las diferentes áreas operativas y así poder retomar el control de todas las operaciones.

Empezaron a ingresar por una entrada llamada la puerta de filtros que era la entrada al área restringida de las plantas operativas es decir sitio donde se debe entrar con ropa adecuada llamada ignífuga y con todos los implementos de protección personal y seguridad, pero en ese momento estaba entrando más de 900 uniformados la gran mayoría con toda su dotación como fuerza pública es decir armamentos y demás necesarios para dispersar los amotinamientos.

Los trabajadores al notar que ya se acercaban los más de 900 antimotines o personal de los escuadrones Móviles anti disturbios ESMAD y demás fuerza pública armada, hacia las primeras plantas de modelo IV, ácido y planta eléctrica, muchos trabajadores salieron de las plantas, para tratar de detener la llegada de la fuerza pública, para ello abrieron los hidrantes de agua de contraincendios en forma de cortinas y al tiempo activaron de forma aún más constante y seguido el pito de la refinería como avisándole a los demás trabajadores que la situación se estaba saliendo de control y que muy al parecer ya era hora de salir de las plantas operativas y de la refinería.

Todo sucedió casi al tiempo, las plantas que aún continuaban operando se empezaron a parar de forma escalonada una, tras otra, mientras tanto y al mismo tiempo los trabajadores buscaban la manera de salir sin ser agredidos, pero eso no iba a ser nada fácil, debido a que toda la refinería estaba acordonada por la fuerza pública y militar, se empezaban a ver las primeras señales de ataques con gases lacrimógenos, lo cual por un lado hacía alterar aún más los ánimos de los trabajadores y perjudicaba la movilidad, el humo de dichos gases irritaba la vista de los obreros y ya al llegar cerca de las puertas de entrada y salida de la refinería, para agravar un poco más la situación, dichas puertas estaban cerradas y trancadas, al parecer la orden era no abrirlas hasta que la fuerza pública golpease a los trabajadores, esto hizo imposible detener una confrontación directa entre la fuerza pública y los trabajadores de los cuales muchos fueron golpeados con los bolillos y escudos, y demás instrumentos de dotación del escuadrón anti disturbios ESMAD, recuerdo que uno de los trabajadores de nombre Ricardo producto de dichos golpes le partieron uno de sus brazos y fue necesario entre varios trabajadores socorrerlo y en un carro del sindicato después de sacarlo de la refinería, llevarlo a urgencias de la policlínica para que fuese atendido de forma inmediata, entre otros que llegaron por los diversos golpes de los diversos enfrentamientos y los gases lacrimógenos, poco a poco fuimos saliendo literalmente saltando por encima de las puertas de entrada y salida de la refinería debido a que no fueron abiertas para que los trabajadores pudiesen salir, esto fue una batalla campal, donde también algunos dirigentes del sindicato de la Junta Directiva de la USO y de la subdirectiva del área, fueron afectados con los golpes de los uniformados y por los gases lacrimógenos, recuerdo que hasta el propio Presidente de la Junta Directiva Nacional de la USO Rodolfo Gutiérrez fue agredido por la fuerza pública pero su grupo de escolta lo ayudaron a salir de forma ilesa, entre otros dirigentes que estuvieron acompañando a los obreros en una batalla al interior de la refinería.

Este recuento lo hago desde mi experiencia propia ya que también me encontraba en ese momento al interior de la refinería por estar cumpliendo mi turno programado, como operador de plantas de dicha refinería y pude evidenciar de primera mano todo lo sucedido.

No me lo contaron…

Luego de que ya todos los trabajadores salieron, se sintió un silencio profundo, la refinería había quedado apagada en su totalidad y esto se sentía en toda la ciudad.

Pito o silbato de vapor

Es importante anotar que esa fue la última vez que la población de Barrancabermeja escucharía el tan popular *"pito de la refinería"* quien acompañó a toda su población por muchos años atrás, éste fue implementado en el año de 1922 por la Trocco oíl Company, consistía en un flujo de vapor de 25 libras al cual se le aplicaba una reducción de presión mediante dos cilindros circulares lo que generaba el sonido muy característico para la población de Barrancabermeja, sonaba seis veces al día, aunque los pitos de las 6 am y las 12 del mediodía se distinguían porque eran dobles. Además, se escuchaba también los 31 de diciembre a las 12 de la noche, y cuando ocurría alguna emergencia en la refinería, era ya un símbolo tanto de la refinería como de toda la población alrededor de ella, por orden de la administración de la refinería fue desmantelado y desarmado para que nunca más volviese a ser escuchado…

Foto del paro del 21 de febrero del 2003

Al día siguiente el sindicato convocó a los trabajadores nuevamente a la entrada de la puerta de la refinería, pero al llegar pudimos evidenciar que ya habían puesto concertinas y fuerza pública a varios metros de todas las entradas a la refinería, como en un campo nazi, en donde no se permitía el ingreso a ningún trabajador que no estuviese en los listados de los que ellos habían programado para su plan de contingencia o plan de emergencia.

Foto del paro del 21 de febrero del 2003

La decisión del sindicato para ese día, fue que nos convocáramos en jornada de asamblea permanente en la entrada de la puerta principal de la refinería y llevásemos a nuestras familias para estar allí de forma permanente en donde se programaba la ya conocida olla del sancocho, y demás elementos necesarios para poder permanecer allí todo el día, todos los días hasta que nos permitiesen entrar nuevamente a laborar a todos los trabajadores.

Foto del paro del 21 de febrero del 2003

El primer día de asamblea permanente empezó un poco en desorden, poco a poco nos fuimos organizando por turnos para unos acompañar el turno de día y otros en el turno de la noche. Todo esto se realizaba en la entrada a la refinería en la calle en donde se fueron disponiendo carpas, sillas, mesas y todo lo necesario para poder acompañar esta jornada hasta que se abriesen nuevamente las puertas de la refinería.

Foto del paro del 21 de febrero del 2003

Dicha asamblea permanente fue bien acogida por los trabajadores que cada día apoyaban más y más, las jornadas diarias se volvieron de acompañamiento, de socialización, de compartir entre los trabajadores y sus familias, mientras a la par los dirigentes sindicales de la Junta Directiva Nacional y de las subdirectivas del sindicato estaban en concentración interna permanente, buscando y estudiando el que hacer para salir a confrontar la política del gobierno de querer imponer dicho decreto.

Cada día transcurría en total armonía, la fuerza pública no se metía con los trabajadores y nos dejaron quietos allí afuera de las instalaciones sin ser perjudicados con gases lacrimógenos, ni con agresiones de ninguna otra índole, además todas las denuncias por violaciones a los derechos humanos en instancias internacionales de lo ocurrido ya habían sido interpuestas por el sindicato, lo cual nos daba alguna seguridad para poder estar allí protestando por el inconformismo de que dicho decreto 1760 fuese firmado y publicado.

Foto del paro del 21 de febrero del 2003

Fueron pasando los días en completa calma donde los trabajadores se las ingeniaban para estar activos mediante juegos de diversas características, como: fútbol, microfútbol, naipes, parqués, siglo, y muchos más, además de la interrelación entre todos los que día a día acompañaban esta protesta pacífica, esperando la directriz del sindicato en búsqueda de echar para atrás dicho decreto.

A la par de este acompañamiento de los trabajadores en la calle frente a la puerta de entrada de la refinería de Barrancabermeja, las reuniones de la Junta Directiva Nacional de la USO, eran más continuas y al parecer de gran debate interno, sobre las diversas posiciones que se estaban colocando sobre la mesa para salir a defender el futuro de la empresa como tal, lo que nos informaban de dichas reuniones es que habían algunas discusiones muy fuertes al interior de los dirigentes de la Junta, al parecer el presidente de la Junta Directiva Nacional, de ese entonces el señor RODOLFO GUTIERREZ, proponía a sus demás compañeros de Junta, que se decretara la hora cero para llevar a cabo una huelga en Ecopetrol a nivel nacional, e incluso empezó a salir en los medios de televisión y comunicación más relevantes del país denunciando la difícil situación a la cual se enfrentaban los trabajadores de dicha empresa, con la posible salida a la luz pública del decreto presidencial que al parecer solo le faltaba la firma del presidente y ser publicado.

Lo que se pudo conocer sobre las discusiones y debates internos de la Junta Directiva de la USO Nacional, fue que no hubo consenso para tomar la decisión de decretar la hora cero y con ello iniciar la huelga en Ecopetrol, ni tampoco existió la decisión por lo menos de convocar a los delegados de la USO, para que fuesen ellos como máxima autoridad del sindicato los que tomasen dicha decisión tan importante y necesaria en ese momento trascendental.

Los días fueron pasando y llegando al día 32 cumpliendo más de un mes de estar en dicha asamblea permanente en la entrada de la refinería, es importante resaltar que como fue la empresa la que cerró las puertas y no fue por negligencia de los trabajadores para querer asistir a su trabajo rutinario, fue ella misma la que debió pagar todos los salarios inclusive en los horarios previos programados que cada quien tuviese en ese momento, es decir tuvo que pagar con sobre tiempo, recuerdo el caso de algunos trabajadores que previamente estaban programados en turnos de 12 horas, los cuales recibieron sus pagos con sobre tiempo estando afuera sin poder entrar a laborar, es decir muy por encima de su salario normal.

Fue así que poco a poco la empresa empezó a abrir las puertas y a normalizar la entrada de todos los trabajadores y trabajadoras, obviamente ya la refinería estaba en su total normalidad operativa, lo único que no había quedado en normalidad era el pito de la refinería que ya había sido desarmado y chatarrizado...

Hasta ese momento el decreto aún no había sido publicado ni firmado, pero por otro lado las discusiones al interior del sindicato seguían sin saberse a ciencia cierta qué rumbo iba a tomar el accionar del sindicato para poder buscar la manera de contrarrestar dicho decreto.

Luego muy al parecer debido a la no aprobación por parte de la Junta Directiva Nacional del sindicato de realizar la huelga como propuesta del Presidente RODOLFO GUTIERREZ, en ese momento se conoce de la renuncia de él, a dicho cargo de Presidente de la Junta Directiva del sindicato y de su acogimiento a su pensión de jubilación, lo cual fue un golpe bajo para todos los trabajadores afiliados al sindicato y enviaba un mensaje al parecer de desunión al interior de la junta, además de no estar de acuerdo con la muy aparente inmovilidad de la Junta Directiva Nacional de la USO ante todos los procesos que se estaban presentando en dicho momento…

Lo lamentable fue que el proceso de la firma y publicación del decreto siguió su curso sin que el sindicato volviera a realizar alguna otra actividad de movilización con los trabajadores en búsqueda de evitar la publicación de dicho decreto, y fue así que el 26 de junio del año 2003 fue firmado y publicado el decreto 1760.

Se hicieron algunos mítines de protesta en todas las instalaciones de Ecopetrol, ruedas de prensas y muchas otras actividades de información, entre otras, pero nada contundente, solo lo que hicieron los trabajadores junto con algunos pocos dirigentes al interior de la refinería de Barrancabermeja el 21 de febrero de 2003, del cual podemos decir que hubiese sido un buen momento para haber realizado la huelga en Ecopetrol, tal y como lo proponía el Presidente Rodolfo Gutiérrez que al parecer nadie en la Junta quiso escuchar... Hasta hoy, queda ese gran interrogante. ¿por qué no se tomó la decisión de decretar la huelga en ese otro momento específico de la historia donde estaban fraccionando a la empresa?

Ya que dicho decreto estaba dividiendo a la actual empresa Ecopetrol en tres estructuras distintas (La Agencia Nacional de Hidrocarburos, Ecopetrol S.A., y La Sociedad Promotora de Energía de Colombia S.A.). Como podemos evidenciar, dos duros y difíciles momentos, donde nadie sabe ¿por qué?, no se tomó la decisión de realizar la huelga para defender su convención colectiva que estaba siendo desmembrada por el Laudo, y el futuro de la empresa la cual estaba siendo escindida en tres estructuras distintas por el decreto 1760, ambos eventos en el mismo año 2003, realmente no se tomó ninguna decisión para evitar la privatización y división de la empresa como tal, lo cual podemos decir que esa fue la decisión que se tomó en ese momento. No hacer absolutamente nada...

La Huelga

Como pudimos evidenciar en los dos capítulos anteriores, ya se habían presentado dos eventos muy contundentes y de gran relevancia tanto para el futuro de la empresa como para los trabajadores de los cuales muchos de ellos, tuvieron que empezar desde cero a construir sus beneficios y derechos mediante nuevas convenciones colectivas con cada empresa donde continuaban haciendo lo mismo que se realizaba cuando dichas labores eran directas de la empresa Ecopetrol y se hacían con trabajadores directos, beneficiarios todos de la Convención Colectiva de trabajo entre Ecopetrol y la USO.

Como también se sobrevenía para los trabajadores directos de Ecopetrol, el miedo de ser procesados y castigados por cualquier motivo, al no tener una estabilidad que les brindara mínimas garantías para atreverse a enfrentar las diversas desigualdades que podrían presentarse a futuro, en especial para los trabajadores directos afiliados a la USO.

Además de ello existía un mar de comentarios de un lado para el otro, como buscando quien tuvo la culpa de lo sucedido, salieron a la luz pública muchos comunicados tergiversando de los unos y de los otros, y fue así como en diciembre al parecer un sector de la Junta Directiva de la USO, sacó un pronunciamiento público, titulado: *"Mensaje Obrero – sindical de navidad petrolera, clasista y combativa",* haciendo las respectivas aclaraciones y además haciendo un llamado a todas y todos los trabajadores para la realización de una huelga.

Así como lo escuchas, una huelga general, según ellos para "defender la empresa de ser fraccionada o privatizada".

¿Pero si eso ya lo había ejecutado la empresa y el gobierno con el decreto 1760 y el Laudo del 2003?

En su momento parecía un grito a la bandera, pero con el tiempo fue cogiendo fuerza esta solicitud que se hacía en dicho documento, la de realizar una Huelga general en

Ecopetrol, la cual nunca quisieron hacer en los momentos más reales de gran necesidad.

Hoy ya con la paciencia que nos dan los años, el análisis a fondo de las cosas, y la madurez que nos trae la experiencia de convivir de cerca con el sindicato por más de 28 años, observo ese comunicado y recuerdo como nos reunían para "tirarnos la línea," por sectores o partidos políticos al interior del sindicato, en donde hoy puedo decirlo con la mente reposada y las emociones controladas, que no se nos decía la verdad completa de lo que realmente estaba pasando, creería que siempre quedaba dentro de los informes un fragmento de la verdad de la historia que nunca se contó ni se contará, y que al mejor estilo del marketing nos vendían la historia que ellos querían que nosotros viéramos, creyéramos e hiciéramos lo que fuese necesario hacer, por cumplir la línea política trazada desde la Junta Directiva Nacional, que uno como trabajador nuevo, observaba ese verbo que tenía algunos de los dirigentes de la época, y como le hacían hervir la sangre a todos los obreros en esos discursos elocuentes, donde lo que había pasado, no era nada comparado con lo que nos iba a pasar si no salíamos de forma decidida a apoyar dicha huelga, era algo que no se podía describir alrededor de todos los obreros reunidos, donde de forma contundente siempre se aceptaba en un solo grito lo que se le proponía a los obreros y para el caso en cuestión, la huelga no iba hacer la excepción.

Dicho documento que salió a finales del año 2003 titulado *"Mensaje Obrero – sindical de navidad petrolera, clasista y combativa,"* donde ya habían sacado el decreto 1760 a la luz pública y el Laudo Arbitral Obligatorio había quedado en firme desde el 09 de diciembre de ese mismo año 2003, ambos sucesos en el mismo año y no se hizo nada contundente para detenerlos...

Ahora sí, se iba a realizar la huelga, cuando en los momentos del tribunal Obligatorio y el decreto 1760 que era más que necesario hacerla, no la hicieron...

Es decir, ya habían privatizado y dividido la empresa como el gobierno del momento lo dispuso y lo llevo a cabo, y no se hizo absolutamente nada para detenerlo...

Recordar que en ambos hechos históricos existieron alternativas para de alguna forma evitarlos, como lo fue en su momento, "Retirar el pliego de peticiones o hacer la huelga, esto referente para el primer momento del Laudo del año 2003, resultado del Tribunal de Arbitramento Obligatorio, en donde con solo retirar el pliego hubiese sido más que suficiente para haber dejado a dicho tribunal sin bases jurídicas ni políticas para su existencia como tal. Y en el segundo momento el del decreto 1760, haber aprovechado la iniciativa de los obreros el 21 de febrero de 2003 para haber decretado la huelga en Ecopetrol, tal y como se los proponía a toda la Junta Directiva Nacional del sindicato, su presidente Rodolfo Gutiérrez.

Pero al parecer, algo sucedió que inmovilizó el accionar del sindicato, cuando era más necesario y urgente haber realizado dicha huelga, o por lo menos haber retirado el Pliego de peticiones…

Siguiendo con el mencionado escrito…

Donde se describe todo lo sucedido previamente, desde la mejor campaña de marketing moderno, se trae lo malo que alguien haya dicho de mi producto y poco a poco se le va dando la vuelta hasta que al final terminamos comprando no solo el producto inicial que aparentemente estaba defectuoso, sino también dos o tres productos más que muy posiblemente no nos van a servir para nada, pero bueno, eso es en muchas veces lo mágico del marketing, obviamente que no estoy diciendo que el marketing sea malo, por el contrario con el marketing si tú te lo propones, puedes vender hasta piedras, y esto no es un cuento, recordemos Gary Dahl, quien vendió piedras como mascotas.

El documento titulado *"Mensaje Obrero – sindical de navidad petrolera, clasista y combativa"*, inicia hablando sobre otro documento que salió con anterioridad, según se comentaba era escrito por otro sector de la Junta Directiva Nacional de la USO, donde al parecer criticaba de forma fuerte el poco o casi nulo accionar del sindicato por evitar que esos dos eventos lamentables (El Laudo Arbitral del 2003 y el Decreto 1760), quedasen en firme y aun hoy fuesen una realidad, que sigue haciendo mucho daño.

Que en el fondo dejaba mucho que pensar, pero siguiendo con lo del documento en mención, en el vemos, como de forma muy bien redactada dice, que, si se hubiese realizado la huelga en esos momentos de los dos eventos lamentables mencionados anteriormente, hubiese sido lo más grave para todos los trabajadores. Al parecer tenían una bola mágica que les mostraba el futuro..., en mi parecer creo que era puro cuento, ya que si se hubiese realizado la huelga en esos momentos, la huelga estaba más que justificada y posiblemente hubiese sido respaldada por muchos otros sectores de la sociedad, además lo más importante es que en dichos momentos coyunturales de cada evento (El Laudo Arbitral del 2003 y el Decreto 1760), existió tiempo suficiente para planear y realizar la huelga, antes de quedar en firme cada uno de ellos, es muy posible que el desenlace de esos dos lamentables sucesos hubiese sido otro… Y sin ir tan lejos, porque entonces no se retiró el pliego de peticiones, como si lo hizo sintracarbon.

Sería bueno preguntarle a los que tenían la bola de cristal..., ¿cuál hubiese sido dicho resultado, si se hubiese realizado la huelga? o por lo menos, ¿se hubiese retirado el pliego de peticiones?...

Obviamente que hacer una huelga no es cualquier cosa, requiere de mucho compromiso y trabajo, para realmente hacer una huelga con el efecto que esta debe tener, eso no es fácil hacerlo, decirlo si puede ser algo muy fácil.

Por lo general en una huelga debe existir una parálisis de la producción total, para que sea realmente una huelga, de no darse este resultado, tendría otro nombre, brazos caídos, mitin, asamblea de trabajadores, etc., etc…

No es solo decretarla y ya…

Es armar toda una estrategia con un paso a paso de cada etapa del proceso donde en cada situación y momento coyuntural se tenga una respuesta del, ¿qué hacer?, ¿Cómo?, ¿Dónde?, ¿Cuándo?, entre otras.

Para al final llegar a una mesa de negociación con una real anormalidad laboral y en dicha mesa buscar una solución de la problemática donde como dice al final el documento *"Mensaje Obrero – sindical de navidad petrolera, clasista y combativa,"* …*Si las huelgas no paran la producción, las huelgas no sirven para nada…*

Lo cual considero que es muy cierto y comparto en su totalidad ya que este debe ser el fin de cualquier huelga.

Dicho documento al parecer se contradice por que con este eslogan que termina "Si las huelgas no paran la producción, las huelgas no sirven para nada," si tanto se repetía, ¿porque nunca se llevó a cabo como tal?, en la huelga realizada en el año 2004, debido a que lo estaban presentando como algo a realizarse si o si, tal cual.

Dicho documento decía que se iba a realizar una huelga con parálisis total de la producción, lo cual era el deber ser si se tomase tal decisión. Como tal, si ya previamente se sabía que sin ese condicionante de "Parálisis de Producción" de nada valdría hacer dicha huelga, no se entiende por qué se repetía tanto este eslogan desde mucho antes de nuevamente realizar una huelga donde su última evidencia era la huelga del año 1977 entre Ecopetrol y la USO, se debía garantizar lo dicho, pero muy al parecer eso fue lo que se evitó al cambiarle el direccionamiento que le había preestablecido la máxima autoridad del sindicato *(La asamblea nacional de delegados del sindicato)*, si se hacía una huelga era para eso, para parar la producción, es decir solo se escribe, se dice, pero no se hace...

Además, en el documento los que lo escriben o el que lo escribe en representación de otros, estaba de acuerdo que había que hacer algo para contrarrestar esos dos duros sucesos, pero en su momento no se hizo nada cuando realmente era más que necesario hacerlo...

Al final y mucho después, si se hizo... Cuando ya estaba todo consumado (El Laudo y el Decreto).

Como muchos de los despedidos decían: "Se hizo la huelga solo para dejar una constancia histórica".

Es muy posible que dicho documento haya influenciado en algunos de los delegados, ya que fueron ellos los que al final dieron el visto bueno y aprobaron que se pudiese realizar la huelga, obviamente que no eran ellos los que la debían planear, realizar y decretar, era la Junta Directiva Nacional del sindicato la que debía de hacer todo lo necesario para que su realización y ejecución fuese todo un éxito. Además de agregarle y garantizarle a la asamblea nacional de delegados el único condicionante que había dejado para poder decretar la hora cero, que al final fue totalmente desconocido por la Junta Directiva Nacional, más adelante hablaremos de ello.

En dicho escrito se decían cosas del pasado, de otras huelgas y sus malos desenlaces y duras represiones por parte del estado, como para justificar el por qué, no se había hecho nada, reconociendo que en cada proceso se habían perdido más beneficios, además de la dura represión y despidos por doquier, es decir que era mejor no hacer nada, para no seguir perdiendo más, de lo ya perdido.

Pero al parecer lo que allí se decía no era del todo cierto, la huelga declarada el 07 de enero de 1.948, cuyo comando nacional de huelga estaba conformado por Diego Montaña Cuellar, Víctor Julio Silva, Jaime Rubio, Tulio Echeverry y Pedro J Avellaneda.

Fue declarada Legal por el Juez Laboral Clímaco Buitrago Botello debido a que todos sus trámites se realizaron según las orientaciones del Dr. Diego Montaña Cuellar, donde cada etapa del proceso se ajustaba a lo establecido en la ley de ese momento. La cual tuvo mucho apoyo de todos los sindicatos a nivel nacional, dicho conflicto huelguístico fue resuelto mediante la fijación de un tribunal de arbitramento obligatorio emitido por la corte suprema de justicia el 24 de febrero de 1948 avalado por la Presidencia de la Republica.

El cual *"No podrá ocuparse en cuestión alguna referente a la interpretación y ejecución del contrato de la Concesión de Mares, de fecha 25 de agosto de 1919, celebrado entre la nación, el señor Roberto de Mares y la Tropical Oil Company, en dicho tribunal de arbitramento los petroleros lograron lo siguiente: primero, el reintegro de todo el personal despedido, regresándolos a sus puestos de trabajos; segundo, mantener las actividades de explotación y exploración de los pozos petroleros, hasta el día en que revirtiera la concesión; tercero, como consecuencia del mantenimiento de las actividades, cuando el estado asumiera la explotación petrolera, no tendría que recibir en abandono sectores claves de la industria; y cuarto, aunque no obtenida mediante el tribunal pero sí emanada de la huelga y promovida con apoyo de los sectores populares, fue la intensa discusión que hizo viable la reversión de la concesión de Mares, a través de la Ley 165 del 27 de diciembre de 1948 que impulsaría la creación de la Empresa Colombiana de Petróleos."* (Copiado textualmente del documento: "El petróleo es de Colombia y para los colombianos:" la huelga de 1948 en Barrancabermeja y la reversión de la Concesión de Mares).

Resaltar que para dicho Tribunal de Arbitramento Obligatorio los trabajadores petroleros delegaron al Abogado Diego Montaña Cuellar como su árbitro, la Tropical a su abogado Francisco Parodi y el Ministro del trabajo también designó a Jorge Soto del Corral como su árbitro para completar la terna de dicho Tribunal Obligatorio.

Es importante que conozcamos muy bien la historia para poder tener un contexto más amplio de todo lo sucedido en el proceso de la huelga del año 2004.

Lo que no se entiende, es por qué, si sabían que se podían perder otros beneficios al realizar una huelga en el año 2004, ¿por qué la hicieron?, aún más cuando ya se había perdido mucho, con el Laudo y el decreto, sin hacer absolutamente nada, para salir hacer la huelga ya sin justificación alguna, y que desde su inicio al parecer se sabía que se iba a perder más…

Algunos han justificado dicho actuar diciendo que: El gobierno del momento quería acabar a Ecopetrol, así como lo había hecho con telecom, pero si observamos desde los documentos y la información, en especial la información financiera y económica de cada empresa, lo cual puede decirnos de forma muy coherente que la decisión que tenía el gobierno para cada una de ellas era muy diferente en su proceder, aunque al final el resultado siempre fuese el mismo, el cual era quitarle su autonomía y entregarle al capital privado todos sus negocios, tal y como al final sucedió en su totalidad para telecom y en un gran porcentaje de sus actividades para Ecopetrol.

Lo único cierto es que dicho gobierno tenía para cada una de ellas un plan diferente para golpearlas, y tener un mayor control con terceros mediante empresas contratistas en todas las actividades que realizaba Ecopetrol y lo lograron solo con el laudo, además de dividirla en varias estructuras, sin tener al frente a nadie que se la jugara para evitar lo que se estaba dando en ese preciso momento…

Volviendo al documento anteriormente mencionado, este solo decía que se tenía que hacer una huelga, porque teníamos miedo, que éramos guerreros y teníamos que pelear, antes que nos dieran el golpe final y que teníamos que sacrificarnos para alcanzar las metas y resultados, que caer sin resultados era ser miserables y cobardes.

Todo eso era un mar de falacias, para quedar bien después de haberse quedado inmóviles en el real momento donde, si, nos estaban prácticamente dando un golpe final.

El laudo y el decreto 1760 ambos en el 2003, fueron el golpe más certero que recibieron los trabajadores y la empresa, que aún hoy se siente su efecto en todos lados, los cuales siguen más vigentes que nunca.

Lo que más lo pone a uno a pensar, es la insensatez que se evidencia en este documento al decirle a los trabajadores que se sacrificaran, como si ya supiesen lo que iba a pasar y que dichos sacrificios eran más que justos.

Y lo que aún es más incomprensible es: Que algunos de los dirigentes de dicha Junta Nacional ya tenían los requisitos para pensionarse, es decir que así los despidieran, nunca iba a tener efecto dicho despido en ellos como tal, porque ya podían ser acreedores a sus pensiones.

¿Entonces de que sacrificios es que ellos hablan?, el que tendríamos que hacer otros y no ellos...

Es muy fácil decirle al resto que debemos sacrificarnos, si tienen en sus manos la posibilidad de tener un ingreso y las demás garantías que tenían al ser pensionados, así fuesen despedidos, era ya un derecho adquirido que tenían ganado por su tiempo de trabajo y edad a la fecha, cumpliendo los requisitos del plan 70 el cual disponía un promedio de 50 años de edad y 20 años de trabajo o más, que entre ambos sumasen 70 puntos.

Y así adquirir su pensión de jubilación con algunas garantías adicionales como el servicio de salud prestado de forma directa por la empresa a sus trabajadores, pensionados y familiares inscritos, los planes de educación, vivienda y otros beneficios, los cuales continuarían teniendo sin ningún problema, es decir no estaban sacrificando absolutamente nada.

Con razón no se detuvieron a pensar, si realmente era necesario hacer dicha huelga en un momento donde ya el gobierno había ejecutado los ajustes que pretendía realizar para Ecopetrol.

Por lo menos haber verificado que se tenía todo previamente coordinado para garantizar la total parálisis de la producción y poder con ello, echar para atrás el laudo y el decreto, objetivos primordiales de dicha huelga.

Ellos como personas individuales no tenían nada que perder y quedaría para la historia que sí pudieron, realizar la huelga en Ecopetrol, al parecer ese era el real objetivo, dejar dicha constancia...

En esta ocasión no era razonable para algunos en la junta, lo dicho en la huelga de 1977 *"Todos en la cama o todos en el suelo."*

Debido a que algunos de ellos sabían que, aunque fuesen despedidos nunca realmente lo serían, incluso algunos de ellos que se pensionaron se hacían llamar despedidos, cuando realmente nunca lo fueron como tal, les efectuaron un despido en su momento, pero luego de algunos días se pensionaron. Sin conocer en carne propia que era ser un despedido y quedar sin nada, de todos los despedidos que mediante el acta de levantamiento de la huelga pudieron conseguir y acceder de forma directa a la pensión plena y proporcional, solo dos de ellos no la aceptaron y decidieron acompañarnos en este duro proceso, ellos si son dignos de ser llamados despedidos como lo fueron Manuel Pianeta y Wilson Ferrer.

¿Por qué y para que se iba a sacrificar a muchos de los trabajadores en una huelga donde ya todo lo que quería privatizar y dividir como tal, el gobierno y la administración de Ecopetrol lo había logrado con el Laudo y el decreto en el año 2003?

Como podemos concluir, ya el sindicato tenía un único plan a seguir, que era realizar la huelga, sí o sí.

Así solo fuese para dejar una constancia histórica y algunos quedasen sacrificados como ya lo estaban justificando, desde mucho antes de realizarse la huelga, lo decían varios de sus dirigentes nacionales en los diversos discursos.

"En toda guerra siempre hay heridos, sacrificados o damnificados"

Pero algunos de ellos ya tenían asegurada una Pensión de jubilación, por si de pronto eran despedidos…

Es decir que los sacrificados iban a ser otros, no ellos…

La Junta Directiva Nacional del sindicato convocó a sus delegados a una asamblea ordinaria nacional, para debatir el tema de la huelga con la firme intención que dichos delegados la aprobarán.

La cual se realizó en la ciudad de Fusagasugá, a donde acudieron todos los delegados de la USO a nivel nacional, se pidieron los permisos, tiquetes aéreos y todo lo relacionado para que se pudiese realizar dicha asamblea.

De Barrancabermeja salió un avión casi lleno de delegados, incluso la aerolínea tuvo que enviar un avión de los más grandes, que casi nunca llegaba a esta ciudad por manejar un flujo pequeño de usuarios, pero para dicho suceso enviaron uno bastante grande el cual viajó con todo su cupo lleno, más que todo de delegados de la USO desde la ciudad de Barrancabermeja, recuerdo una anécdota, del compañero Hernán González, a quien le conocemos y llamamos "TEGO", quien le tenía mucho miedo a volar en aviones y todo el vuelo fue muy emotivo gracias a los diversos sustos y gritos del compañero, cuando pasábamos por las zonas de turbulencia, fue un vuelo lleno de mucha adrenalina y risas gracias a los sustos que nos daba el compañero "TEGO".

Llegamos un promedio de 120 trabajadores directos de Ecopetrol con su calidad de Delegados, a la ciudad de Fusagasugá de diferentes ciudades del país, quienes fuimos elegidos previamente mediante votación directa de todos los trabajadores de la empresa en cada gerencia, campo de producción o distrito, a nivel nacional donde existía Ecopetrol.

Al principio se realizó el tema del hospedaje y ubicación de las personas convocadas al evento, delegados, dirigentes de todas las subdirectivas, dirigentes de la Junta Directiva Nacional, los asesores e invitados, así como también la acreditación de todos los delegados con su respectiva escarapela, la cual era el instrumento con el cual se realizaba el conteo de los votos de cada delegado, al levantar o no la mano para aprobar o no aprobar cada una de las propuestas en dicha asamblea.

Los primeros días de la asamblea fueron llevadas en total calma, los temas tratados eran los informes y situaciones internas del sindicato, más que todo de información general hacia los delegados.

Pasadas las primeras dos semanas, se empezó a tratar realmente el tema central de dicha convocatoria a la asamblea, "LA HUELGA".

El cual primero que todo era el de debatir los motivos por los cuales según la Junta Directiva Nacional debía de realizarse una huelga en Ecopetrol, y poder desde ese inicio empezar los debates y temas de discusión buscando finalizar con un consenso de todos los delegados para aprobar la realización de dicha huelga en Ecopetrol.

Los debates iban y venían y no habían puntos de encuentro, fueron necesarios que los dirigentes hicieran reuniones parcializadas o por sectores lo cual era mucho más fácil para ellos poder hablar con los delegados desde cada sector político al interior del sindicato, y así comprometerlos de la necesidad *"según ellos,"* de realizar la huelga en Ecopetrol, luego de muchas horas, días, noches y semanas intensas de trabajo, conferencias, debates, reuniones por sectores y demás, se logra tener el consenso para que todos los delegados pudiésemos ya en la asamblea general aprobar la huelga en Ecopetrol, y fue así como de manera unánime todos los delegados el 15 de enero de 2004 levantaron su escarapela para aprobar la huelga en Ecopetrol con parálisis de producción y respaldar con esta decisión a la Junta Directiva de la USO Nacional dándole la autonomía para que apenas estuviese todo debidamente y previamente organizado, estructurado y planeado donde se garantizara la parálisis de producción en todo Ecopetrol a nivel nacional, desde el mismo día en que iniciase dicho cese, momento en el cual podían decretar la hora cero de dicha huelga.

Es decir que antes de realizar la huelga debían de tener toda una estructura organizativa que garantizase el éxito de dicho conflicto colectivo, el cual estaba enmarcado en la parálisis total de todas las estructuras productivas al interior de la empresa, ese fue el compromiso por el cual la asamblea en consenso, decidió aprobar la realización de la huelga, pero al parecer esa fue la tarea que nadie supervisó y realizó…

Dicha decisión de realizar la huelga en Ecopetrol, fue tomada por la asamblea de delegados mediante las premisas de: Echar para atrás el decreto 1760, al igual que el Laudo que fue impuesto por el Tribunal de Arbitramento Obligatorio como resultado final de la negociación colectiva que inició el 10 de febrero de 2003 y que terminó sin negociación el 21 de marzo de 2003, revisar la forma como se fijan los precios de los combustibles, recuperar el manejo soberano de los hidrocarburos, privilegiar el interés nacional de los hidrocarburos, entre otros puntos.

Como podemos evidenciar eran temas de gran relevancia y muy difíciles de conseguir, y que desde su inicio se sabía que dicha huelga debía ser muy contundente, es decir que si realmente se quería lograr los objetivos trazados se tenía sí o sí que garantizar la parálisis total de la producción para buscar una muy buena negociación…

En ese entonces también participé de forma directa en estos hechos ya que tenía la calidad de ser delegado principal de la asamblea para ese momento coyuntural.

No me lo contaron. Estaba en carne propia en dicho evento de gran trascendencia.

¿qué quería decir eso "de la parálisis total de la producción en Ecopetrol"?, pues ni más ni menos que cuando iniciara la huelga se debía garantizar que en todos los sitios donde existiese actividades que realizase Ecopetrol de forma directa e indirecta debían ser paralizadas y garantizarse que no se iba realizar ninguna actividad productiva en las refinerías de Barrancabermeja y Cartagena, campos de producción, los oleoductos y cualquier sistema de transporte de hidrocarburos y sus derivados y demás estaciones y lugares donde Ecopetrol realizase cualquier operación, es decir que todo tendría que quedar apagado o paralizado como por ser más claros y precisos.

Para ello la Junta Directiva se comprometió a realizar y llevar a cabo un plan muy retador a nivel nacional y general junto con los trabajadores afiliados, para que se garantizará dicho direccionamiento de la máxima autoridad (La asamblea Nacional de Delegados de la USO), la cual fue la única condición que le colocó a la Junta Directiva Nacional, para aprobar por consenso que se pudiera decretar la hora cero de la huelga en Ecopetrol, que solo cuando la Junta Directiva Nacional de la USO, presentase un plan ya ejecutado que garantizase la parálisis de la producción a nivel general en toda Ecopetrol, podían decretar la hora cero de la huelga general entre la empresa

"ECOPETROL" y la Unión sindical obrera de la industria del petróleo "USO"…

EL Plan, las estrategias entre otras tareas, al parecer nadie las realizó ni nadie las ejecutó, es decir que de nada sirvió todo el análisis del ¿qué hacer? y ¿cómo hacer la huelga?, y muchos otros aspectos concernientes a la ejecución para garantizar la parálisis total de la producción en Ecopetrol, entre otros debates que se hicieron en la asamblea, y que concluyó con dicho direccionamiento que al parecer nadie quiso realizar o ejecutar y muy posiblemente, ese aspecto pudiese haber sido el factor determinante para cambiar dicho direccionamiento, al no tener nada planeado y sí que menos ejecutado…

Esta es una gran enseñanza, que siempre replico en cualquier situación y es que, detrás de las palabras debemos revisar los hechos, muchas personas hablan, dicen, se comprometen a hacer cosas y muchas veces no queda nadie responsable de dichas acciones y con el pasar del tiempo van quedando a la deriva, por eso es muy importante que a cada decisión debemos colocar responsables y una planificación detallada con fechas de las diversas pequeñas tareas a ser ejecutadas, para poder llegar al logro de los grandes objetivos (*un objetivo, meta o sueño, sin planeación y acción como tal, solo será un sueño*)…

Al recordar lo sucedido en dicha asamblea es de resaltar que todas las subdirectivas a nivel nacional del sindicato, presentaron al parecer informes amañados de sus situaciones internas, ya que todas las subdirectivas informaron a la asamblea estar al 100% de recursos y disciplina de todos sus asociados para acatar la directriz de participar en la huelga. Pero…, al parecer dicha información presentada, no era totalmente cierta.

Foto de la declaración de la huelga abril 22 del año 2004

La huelga fue declarada y llevada a cabo a partir del 22 de abril del año 2004 a las 9:40 am mediante declaración pública del Presidente de la Junta Directiva Nacional de la USO, Gabriel Alvis Ulloque, quien en compañía de Roberto Smalbach Cruz y Hernando Hernández integrantes de la Junta Directiva de la USO, se presentaron en la puerta principal de la refinería de Barrancabermeja y a dicha hora 9:40 am declaraban la hora cero, para que todos los obreros y obreras se unieran a la huelga y se presentaran a las diferentes sedes sindicales de todo el país.

En el recorte de periódico "EL ESPECTADOR", se puede apreciar la foto del momento justo en el que los tres dirigentes de la USO Nacional, en representación de la unión sindical obrera de la industria del petróleo "USO" estaban decretando la hora cero del inicio de la huelga en Ecopetrol.

Una de las muchas marchas que se hicieron en la huelga del año 2004

En su declaratoria dijeron que era una *"huelga política"*, lo cual desconocía el direccionamiento de la máxima autoridad del sindicato, la asamblea de delegados que después de muchos debates les había aprobado decretar la huelga con el único condicionamiento que se garantizara la parálisis de la producción a lo largo y ancho del país donde estuviese cualquier actividad productiva de la empresa Ecopetrol. Lo cual no se hizo…

Aún hoy nos preguntamos, en donde quedó lo que tanto replicaba el documento que salió a finales del año 2003 titulado *"Mensaje Obrero – sindical de navidad petrolera, clasista y combativa"* que decía *"Si las huelgas no paran la producción, las huelgas no sirven para nada..."*

Solo se hicieron muchas marchas con los trabajadores que acompañaban la huelga y la comunidad en general de la ciudad de Barrancabermeja, muchas de ellas muy concurridas y desbordadas de pueblo y en otras ciudades del país. Pero la producción a nivel nacional sin ninguna afectación.

Dicho direccionamiento de la asamblea de delegados, no fue tenido en cuenta, muy a pesar que la Junta Directiva de la USO sabía que, en cualquier actividad de paro, brazos caídos y cualquier otra, aún más en una huelga, si no llevaba un condicionante de parálisis de producción dejaría al sindicato sin una moneda de cambio para poder negociar de forma favorable las peticiones que esta pusiese sobre la mesa.

Es decir, que todo los debates internos que se dieron entre la Junta Directiva Nacional de la USO y los delegados buscando un acuerdo para el consenso en aprobar la realización de la huelga, en donde se debatió a profundidad el cómo se debía hacer para garantizar el éxito de la misma y en donde el punto de encuentro para buscar dicho consenso fue la parálisis de producción, por lo cual no se entiende, el desconocimiento de la Junta Directiva a dicho direccionamiento de parálisis de producción y como mencionamos anteriormente, la tarea no se ejecutó y sí que menos se garantizó, al parecer ese pudo haber sido el factor que motivó el cambio del direccionamiento de parálisis de producción que exigía la asamblea como máxima autoridad del sindicato a la Junta Directiva Nacional para poder aprobar la realización de dicha huelga...

Los militares Bloquearon todas las puertas de ingreso a la refinería

En el momento que estaban declarando o decretando que la huelga era política y no con parálisis de producción, los delegados que conocíamos del direccionamiento que fuese con parálisis de producción, hicimos las respectivas observaciones al respecto y lo que la Junta Directiva Nacional de la USO, nos decía y justificaba, del por qué se debía hacer política y no con parálisis de producción. Era porque según ellos existía un alto riesgo de encarcelamientos, procesos penales, despidos y otros temores si se realizaba con parálisis de producción, cosa que era apenas lógico y que al final sucedió también al ser política, se dieron despidos, encarcelamientos, entre otros, lo cual indicaba que era solo un pretexto para no haberla realizado con parálisis de producción, hasta hoy nadie sabe a ciencia cierta la verdad del porque no se hizo como estaba planeada, nos tocaría preguntarle a la persona que tenía la bola de cristal en la Junta, para que nos respondiese qué hubiese pasado si se hubiese realizado la huelga con real parálisis de producción a nivel nacional, o si existían otras razones del por qué la Junta Directiva Nacional de la USO, tomo la decisión de desconocer los lineamientos de la máxima autoridad que era y aun hoy en día es la asamblea nacional de delegados del sindicato y cambiarle el sentido y el carácter de la huelga, lo cual dejaba un gran vacío y una respuesta a futuro que nadie nunca responderá...

El resultado de dicha huelga dependía solo de la voluntad de los trabajadores en querer dejar por su propia iniciativa las instalaciones de cada sitio de trabajo en cada ciudad donde estaban los centros de producción para que de alguna forma esa inasistencia de los trabajadores afectase de forma directa la producción, lo complicado para el sindicato era que muchos de esos trabajadores eran del personal directivo y de confianza de Ecopetrol que hacían parte del tan nombrado "Plan de emergencias".

Los militares Bloquearon todas las puertas de ingreso a la refinería

Era de conocimiento de la Junta Directiva Nacional de la USO, que ya existía el "plan de emergencias" en toda Ecopetrol que era un llamado que hacia la empresa a sus trabajadores de la nómina directiva y a trabajadores de la nómina convencional de su mayor confianza, para que pudiesen entrar a laborar, los cuales entraban escoltados por la fuerza pública, los listados estaban en las porterías de cada entrada de los centros de producción para permitirles su ingreso, nadie podía entrar a ningún centro de producción, como podemos evidenciar en la imagen la refinería y todos los centros de producción a nivel nacional fueron militarizados como si fuesen un campo nazi (ver fotos), donde solo se permitía el ingreso a las personas que ellos llamaban para hacer parte del PLAN DE EMERGENCIAS, además a dichos trabajadores que eran llamados, les entregaban bonificaciones en dinero por ser parte de este plan de emergencia, lo cual los motivaba aún más a cumplir fielmente el llamado de sus jefes a desconocer las orientaciones del sindicato para que participaran de la huelga.

Los militares Bloquearon todas las puertas de ingreso a la refinería

Podríamos decir que ese cambio del carácter de la huelga fue el talón de Aquiles para que la huelga no tuviese los resultados esperados.

Como también pudiéramos decir que se hizo una huelga que desde su declaración como "HUELGA POLITICA", estaba más que garantizado su fracaso.

Desde el inicio se dejó que su desenlace estuviese en el cumplimiento o no, de los trabajadores al llamado del Plan emergencia, lo cual se sabía que no iba a ser posible, debido a la existencia de un equipo de trabajadores directivos previamente entrenados para mantener la producción a nivel nacional, llamado "PLAN DE EMERGENCIAS".

"Y ahora quien va a parar la producción", la respuesta era muy fácil…Nadie…

Por el contario muchos trabajadores no iban a las sedes del sindicato para esperar desde sus casas ser llamados al "plan de emergencias."

Los militares Bloquearon todas las puertas de ingreso a la refinería

Sin ese condicionante de una posible parálisis de la producción para poder sentarse en una mesa con dicha moneda de cambio, era muy difícil que por lo menos se buscase dicho escenario por parte de la empresa, para dirimir dicho conflicto, ya que ellos mismo dirían "que vamos a hacer en una mesa de negociación", ¿a negociar qué?, Si la producción estaba en total normalidad y bajo el control de ellos...

Difícilmente la empresa estaría interesada en buscar un acuerdo ¿de qué? y ¿para qué?, si desde el inicio siempre garantizaron al 100% su producción y hasta más, según el informe de los medios escritos de la ciudad que hablaban de que nunca antes en toda la historia la refinería de Barrancabermeja había producido tanto, es decir la producción se desbordó en un límite nunca antes visto.

Si bien se dio un acuerdo entre las partes, realmente fue más que todo, por la necesidad de parar la masacre laboral que se avecinaba con los 500 despidos de más que ya se estaban programando para los siguientes días, si la huelga persistía, que de pronto hubiese sido mejor, para que fuese más notoria la violación al derecho de huelga, que aún hoy en Colombia no existe una clara definición, de hasta donde se puede proceder y que garantías tienen los trabajadores para poderla decretar, como si se puede realizar en otros países.

Dentro de este proceso es importante recordar que un mes antes de decretarse la huelga, la Junta Directiva Nacional de la USO, direccionó a todas las subdirectivas para que realizasen jornadas de protesta por lo que había sucedido en el año 2003 (Laudo Arbitral y Decreto 1760), el cual se realizó el día 24 de marzo de 2004, en la subdirectiva de Barrancabermeja cuatro de sus dirigentes se repartieron en las dos puertas, en la puerta principal estaban Alirio Rueda y Gregorio Mejía y en la puerta del 25 de agosto los señores Juvencio Seija y Fernando Coneo, en ambas puertas eran acompañados por dirigentes de la Junta Directiva Nacional de la USO.

Quienes decretaron ese día como paro de labores en la refinería de Barrancabermeja, motivo por el cual les fue abierto proceso disciplinario convencional a los cuatro compañeros de la Junta Directiva de la Subdirectiva Barrancabermeja, y mediante resolución número 1115 del Ministerio de la Protección social, dicho paro fue declarado ilegal y mediante dicha resolución de ilegalidad fueron fallados los procesos disciplinarios convencionales el día 28 de abril del 2004, con el despido de los cuatro compañeros dirigentes de la subdirectiva de Barrancabermeja, Gregorio Mejía, Juvencio Seija, Alirio Rueda y el Compañero Fernando Coneo, los cuales se convirtieron en los primeros despedidos de todo el proceso huelguístico. (Según me informó, el propio compañero Juvencio Seija uno de los cuatro compañeros despedidos en dicho momento).

Una de las muchas marchas que se hicieron en la huelga del año 2004

Si bien al principio el desenlace de la huelga se veía con mucha normalidad e incluso un decidido apoyo de una mayoría de los trabajadores en acompañar dicha huelga, la cual se reflejaba en la ciudad de Barrancabermeja con mucha actividad debido al gran apoyo de la comunidad en general que se aglutinaba en las calles y se desbordaba en todas las grandes marchas que se hicieron, que podríamos decir, fue lo más relevante e importante para referenciar y resaltar en dicha huelga, ya que al interior de la refinería y los campos de producción era otra la situación, muy notable y diferente ya que la producción seguía como si nada estuviese sucediendo.

Si bien las marchas ayudaban a evidenciar que existía una huelga en la empresa, faltó mayor contundencia y un mejor direccionamiento para que su efecto tuviese un mayor impacto, en especial en la movilidad en general y por consiguiente la disminución de la producción.

Existía un descontento de los trabajadores, al observar que las instalaciones de la refinería de Barrancabermeja la fuerza pública había acordonado las entradas con serpentinas con alambres de púas y personal militarizado.

Se observaba que no existía, ninguna parálisis de producción, al interior de ella y demás centros de producción en el país, Ecopetrol tenía montado su "plan de emergencias," con su personal directivo y algunos trabajadores convencionales, es decir no directivos muchos de ellos afiliados al sindicato, los cuales estaban alojados y con todas las comodidades respectivas para poder laborar los días que durase dicho proceso huelguístico, esto fortalecía mucho más el llamado *"plan de emergencias,"* además del incentivo en bonos en dinero por cada día que laboraran todos los trabajadores en dicho plan de emergencias, era un factor de motivación para ellos.

Este actuar de estos trabajadores en especial los afiliados al sindicato, que se hacían al lado de la empresa mediante el plan de emergencias, para ayudar en este proceso de mantener la producción en todas las unidades operativas a nivel nacional donde estuviese Ecopetrol, desmotivaba a los demás trabajadores que se encontraban participando de forma activa en la huelga, lo cual se fue convirtiendo en una voz de inconformismo y de miedo en muchos otros trabajadores que poco a poco con el paso del tiempo empezaban a desfallecer.

Es decir que desde un principio la cosa no pintaba para nada bien, aunque en las calles de la ciudad de Barrancabermeja, las diversas marchas eran ríos de gente apoyando al sindicato y a los trabajadores que lo acompañaban, pero la producción en los mejores niveles cada día.

Con el pasar del tiempo en las sedes sindicales empieza el cuchicheo y reuniones de trabajadores preguntando entre ellos, cuál podría ser la reacción de la administración de Ecopetrol con ellos que estaban apoyando la huelga, algunos otros ni llegaban a las sedes sindicales y se quedaban en sus casas esperando muy probablemente el llamado de sus jefes para entrar a trabajar. Se empezó a ser muy conocidos por todos los trabajadores y comunidad en general la palabra "Patevaka" o "esquirol", la cual hacía referencia a los trabajadores que violentaban la directriz del sindicato de participar activamente en la huelga y por el contrario entraban a laborar haciéndole con este actuar un gran daño al movimiento huelguístico.

Por lo cual muchos trabajadores activistas empezaron a organizarse para ir a visitar a esos trabajadores que no llegaron a las sedes de la organización sindical.

Con esas visitas a las casas de algunos trabajadores por no decir que muchos que no llegaban a las sedes sindicales se supo que ya un gran número de trabajadores se habían metido a trabajar es decir se habían "patevaquiado", lo cual empezaba a influenciar aún más en los pensamientos de los trabajadores que continuaban acompañando el movimiento.

También se hicieron algunas llamadas para persuadir a los trabajadores que estaban dentro de las instalaciones y la respuesta de ellos es que estaban muy bien, tenían buena y mucha comida en las instalaciones del club al interior de la refinería de Barrancabermeja, y que hasta tenían tiempo para pasar en la piscina de dicho club y refrescasen como si estuviesen vacacionando.

Todo esto colocaba a pensar a muchos de los huelguistas que poco a poco fueron disminuyendo la participación de presentarse en todas las sedes del sindicato.

Existía mucho temor en los trabajadores, en los periódicos como EL ESPECTADOR entre otros se mencionaba y recordaba lo sucedido en otras huelgas como la del año 1977, la cual duró 67 días, y dejó a muchos trabajadores despedidos, muchos otros fueron encarcelados, en donde se decía que dicha huelga fue una de las más reprimidas por el estado, donde todo era confusión y desesperación.

Foto de la huelga del año 1977

Lo cual nos llevó a investigar un poco más al respecto, donde pudimos constatar que los 217 despedidos de dicha huelga en su momento se pudieron haber evitado, la empresa en cabeza de su Presidente Juan Francisco Villarreal Buenahora, le propuso al abogado Diego Montaña Cuellar, como vocero del sindicato para que les transmitiera la propuesta que enviaba él, cómo representante legal de la empresa para ser analizada por el sindicato, "que reintegraba a todos los trabajadores despedidos, si suspendía el cese en ese momento, pero que a los dirigentes no los iban a reintegrar," quienes recibieron dicha propuesta y la pusieron en consideración en asamblea a todos los trabajadores en donde salió la muy célebre frase: *"O todos en la cama o todos en el suelo".*

Dicha huelga fue decretada el 25 de agosto del año 1977, por el Presidente de la USO Jaime González y de Fedepetrol Edilberto Cabrera, y cuando los trabajadores de la refinería de Barrancabermeja se movilizaban fueron detenidos por el ejército, los trabajadores Florentino Martínez y Edilberto Cabrera, conducidos a los calabozos del batallón nueva granada de Barrancabermeja y a los pocos días enviados a la cárcel con una resolución de condena de 60 días de detención, firmada por el alcalde militar de Barrancabermeja, Álvaro Bonilla López.

Lo cual sin saberlo se convertiría para Florentino Martínez, en la razón de peso que le daría a futuro el reintegro al único trabajador de los 217 trabajadores despedidos en dicho conflicto huelguístico, cuyo cargo de su despido, era el de haber sido promotor y auspiciador de dicha huelga, lo cual no era cierto ya que pudo demostrar que estuvo privado de su libertad desde el mismo día que inició la huelga, quien durante sus años de despedido decidió estudiar derecho, y fuese el mismo Florentino Martínez, el que lideró dicha pelea jurídica, y lograse su reintegro, al demostrar que nunca pudo ser el promotor y auspiciador de dicho movimiento huelguístico, al estar desde su inicio y por 60 día detenido y encarcelado de acuerdo a la resolución de condena firmada con el tradicional, notifíquese y cúmplase por el alcalde militar de Barrancabermeja Álvaro Bonilla López. (Parte de la Información tomada de la página barrancabermejavirtual.com; de nombre (¿Cómo fue, hace 40 años, la huelga del 77?)

Ya volviendo a la huelga del 2004, el Gobierno y la empresa empezaron a organizar su sistema de defensa para contrarrestar dicha huelga, fue así que desde el mismo día que se iniciaba la huelga, el Ministerio de Protección Social la declara ilegal mediante la resolución número 1116 del mismo 22 de abril del 2004, día en que fuese decretara la hora cero de la huelga entre Ecopetrol y la USO, al parecer todo estaba fríamente calculado.

A los pocos días y con el amparo de dicha resolución de ilegalidad empiezan a darse los primeros despidos en Ecopetrol de las personas que estaban participando, fue un duro golpe en la moral de los trabajadores. Lo cual calaba aún más en aquellos trabajadores que se dejaban influenciar por el miedo y muy posible la presión familiar de no perder sus empleos, que hoy veo algo muy razonable más aun cuando no se tenía nada previamente establecido para contrarrestar esta y muchas otras situaciones que si fueron tenidas en cuenta por la contraparte, entre otros aspectos que ya se han explicado con anterioridad.

Mural de recuerdo de la huelga petrolera del año 2004

Es importante recordar que lamentablemente en otros distritos como en el Oleoducto la cosa no fue bien recibida y según se informó que por orientación de uno de los dirigentes sindicales de la subdirectiva el cual les sugirió a sus trabajadores que entraran a laborar, y fue así que un alto porcentaje de los trabajadores tomaron la decisión de entrar a laborar, conllevando con esto a una reacción en cadena ya que otros distritos como en la refinería de Cartagena muchos otros trabajadores llenos de temor decidieron también ingresar a laborar, y en general en otras áreas, pero ya de forma un poco más reducida otros trabajadores ingresaron a laborar en dicho momento, todo ello hizo que el miedo empezara hacer sus efectos en los trabajadores que acompañaban la huelga a nivel nacional.

Muchos se preguntarán, y en donde estaban los dirigentes sindicales de la Junta Nacional y demás, ¿que estuvieron haciendo durante todos los días que duró la huelga ya que la producción no fue impactada?

Algunos de ellos muy al parecer se fueron para otras sedes a nivel nacional a persuadir a los trabajadores que salieran de las instalaciones de la empresa y otros ayudaban en la realización de las diferentes marchas que se hicieron durante todo el proceso, muy evidentes en la ciudad, los medios escritos en esos momentos hacían mención al gran acompañamiento de toda la población del área de Barrancabermeja a dichas marchas, como también del gran aumento de la producción como nunca antes se había evidenciado.

Recuerdo una anécdota que se cuenta sobre dos dirigentes de la Junta Directiva Nacional de la USO, que fueron a persuadir a algunos trabajadores en determinada estación del oleoducto, donde en la noche tomaban cerveza con ellos y en el día dichos trabajadores se metían a trabajar, todo esto y más se iba metiendo en la mente de los que aún acompañaban el movimiento, viendo que cada día éramos menos acompañando la huelga y más los trabajadores que se hacían al lado de la empresa, ayudando a aumentar día a día aún más la producción.

Como podemos palpar la situación se empezó a complicar y cada día la incertidumbre de los trabajadores que estaban participando activamente de la huelga era mayor ya que cada día en las mañanas llegaban noticias de nuevos listados de trabajadores despedidos, esto llenaba aún mas de más miedo a todos los que aún seguían siéndole fiel al sindicato, por mi parte estaba tranquilo ya que tenía en mi mente que si me despedían este y muchos otros despidos serían negociados antes de levantar el movimiento huelguístico. Eso me había dicho el Presidente de la Junta Directiva de la USO Nacional.

Una de las muchas marchas que se hicieron en la huelga del año 2004

Lo cual no era tan cierto, debido a que lo dicho por el Presidente de la USO en dicho momento de poderse conseguir el reintegro de los trabajadores despedidos, eso pudiese ser posible, pero dependía de quién llevara él puso de los resultados de cada proceso, en ese momento era muy visible de quien lo estaba ganando. Según lo evidenciado la empresa tuvo siempre el control de lo más importante… "la producción"…

Y como no podía faltar el 7 de mayo del año 2004, llegaba la notificación al sindicato de mi despido donde en negrilla mencionaba que, a partir del 8 de mayo del año 2004, ya no era más trabajador de la empresa Ecopetrol, había sido despedido por estar participando en la huelga.

Duro momento para toda mi familia. Como anécdota de este momento recuerdo que el día anterior a mi despido me reuní con los trabajadores de mi sección, el departamento de Materias Primas y Productos de la refinería de Barrancabermeja, en donde uno de mis compañeros de nombre Nilson Pinilla se levantaba y nos dice que le acaba de informar un supervisor de nombre Orlando Espinosa, que estaba laborando en la refinería, que ya mi carta de despido estaba lista y que era muy probable que llegase al día siguiente, situación que sucedió, tal cual como Nilson lo estaba diciendo, lo cual hizo que muchos de los que llegaban a dichas reuniones no volviesen más y muchos otros entraran a laborar.

Trabajadores en la sede del sindicato esperando los informes

Es decir que la estrategia del miedo, estaba dando sus frutos a la empresa. Los trabajadores que acompañaban la huelga, cada día eran menos y los despedidos más, situación muy complicada para todas y todos en especial los despedidos que cada día sumaban más y más…

En su momento tomé con mucha calma y naturalidad mi despido, recordaba la conversación con el Presidente de la USO, él me había dicho que eso era algo normal y que antes de levantarse la huelga se negociaría el reintegro de todos los despedidos.

Mi mente inconscientemente se aferraba a unas palabras que en su momento era lo único que me quedaba y que con el tiempo se iban desvaneciendo lo cual me hacía cada día entrar en una realidad muy complicada y difícil de sobre llevar, lo cual me sirvió para entender y comprender que solo se puede creer en los hechos, las palabras se las lleva el viento...

Como también nos prometían en todas las intervenciones en la sede sindical los Compañeros de la Junta Directiva Nacional en especial sus voceros, quienes nos decían a todos los trabajadores despedidos en dicho momento, que hasta que no fuésemos reintegrados todos los trabajadores despedidos no se levantaría la huelga...

Recuerdo mucho el énfasis que hacía el compañero despedido Édgar Pérez, el cual siempre les gritaba y les decía "que eso que decían fuese cierto, que no fuesen a firmar un acuerdo de levantamiento de la huelga sin reintegrar a todos los despedidos", creo que tenía cierta desconfianza.

Al final lo que percibía el compañero Édgar Pérez fue algo muy cierto. Se firmó un acuerdo de levantamiento de la huelga dejando sin el reintegro como tal a sus despedidos.

Vuelvo y repito lo antes mencionado, solo debemos creer en los hechos, lo demás no cuenta.

Lamentablemente lo prometido nunca se cumplió...

Los despidos se fueron sumando día a día hasta llegar a un número muy alto de 248 en total y pudiendo haber sido muchos más.

Acá quiero aclarar algo sobre el número total de despedidos de la huelga del 2004. Realmente el número de despedidos que dejó la huelga fue un total de 248 trabajadores, pero recordemos que antes de empezar la huelga se realizaron los primeros despidos del proceso mediante la resolución número 1115 emitida por el Ministerio de Protección Social que declaraba ilegal el paro realizado el 24 de marzo de 2004, motivo por el cual procedieron a despedir a los compañeros Gregorio Mejía, Juvencio Seija, Alirio Rueda y el Compañero Fernando Coneo, además sumarle el despido del compañero Jhon Freddy Restrepo quien era el Presidente de la subdirectiva de Villavicencio (El llano) y quien fuese despedido semanas después de haber sido levantada la huelga y por quien el sindicato insistió para que también fuese tenido en cuenta dentro de todo el paquete de todo el proceso de los despedidos del conflicto de la huelga del 2004, lo cual nos da un resultado total de *253 despedidos* de todo el proceso huelguístico.

En el tema de las notificaciones que llegaban cada día de los nuevos despidos, los cuales se recibían normalmente mediante el fax de la Secretaría de la USO Nacional, pero que existió ya en los últimos días de dicho cese una notificación un poco inusual, en donde se vislumbraba un posible acuerdo de levantamiento del movimiento huelguístico, más que todo para frenar al parecer la notificación de 500 trabajadores de su muy posibles despidos, sumados a los que ya estaba previamente notificados, y que muy al parecer también ya estaban sus cartas de despidos listas y a la espera de dicho proceso del levantamiento del cese, para proceder o no a enviarlas al fax de la USO Nacional.

Dicha notificación inusual se dio en la recta final del muy probable acuerdo de levantamiento del cese, en donde se presentó un compañero trabajador de la refinería de Barrancabermeja, cuyo nombre me reservo por petición de él mismo, quien comenta, que cuando iba subiendo hacia la oficina de la secretaria que recibía mediante el fax la llegada de los nuevos listados de trabajadores despedidos, se encontró en las escaleras del edificio de la USO nacional entre el primero y segundo piso, con un dirigente de la Junta Directiva de la USO Nacional, quien en un tono de burla le dice al compañero trabajador, las siguientes palabras. "Camarada lo mordió la perra", a lo cual el compañero le replica y le dice que no le han notificado nada, de lo cual de inmediato el dirigente saca su teléfono y llama a la funcionaria de Ecopetrol, encargada de todos los temas sindicales y de personal entre otros, para pedirle a ella le notificará en ese momento los nombre de los últimos despidos, de inmediato ella le notifica el nombre de 15 trabajadores entre esos el del compañero con el cual estaban interactuando (el dirigente y el trabajador), lo cual de alguna forma ayudaba a que dicha notificación de momento telefónica se hiciera efectiva como última cochada de despidos de todo este proceso, para redondear la cifra en 248 trabajadores despedidos en total de la huelga.

Trabajadores recibiendo el informes del levantamiento de la huelga

Decir también que algunos de los dirigentes de la Junta Directiva Nacional de la USO, desde antes de ser declarada la huelga disponían de los requisitos necesarios para pensionarse con el plan 70 suscrito mediante convención colectiva de trabajo (el cual consistía que todo trabajador que tuviese 20 años de trabajo mínimo y que sumados con la edad diera el resultado de 70 puntos o más, podía pensionarse directamente con Ecopetrol), el cual estaba vigente para la época de los hechos.

Es importante recordar que ya para los días finales de la huelga después del día 26 se supo que venían 500 despidos de más, lo cual fue, la gota que rebosó el vaso, ya que el miedo de los que aún no estaban despedidos hizo que empezaran a presionar al sindicato a buscar la forma de levantar el movimiento huelguístico lo antes posible antes de que llegasen dichos despidos, situación que dejaría al sindicato con una gran problemática, y posiblemente alteraría aún más el resultado de dicho proceso huelguístico. Era muy posible que el resto de trabajadores entraran a laborar de darse esa acumulación de gran cantidad de despidos y por sustracción de materia la huelga también concluyera.

Todo esto...

Más ya un gran número de despedidos que iban en el momento 248, puso al sindicato a buscar una salida negociada para que el número de despedidos no fuese mayor.

Después de más de 36 días de huelga y con la ayuda de muchas personas como concejales, miembros de la iglesia y parlamentarios entre otros representantes de instituciones y sindicatos amigos se logra un acuerdo para poner fin a este proceso de huelga.

Se firma un acta el 26 de mayo de 2004, en el salón rojo de la conferencia episcopal Colombiana donde se reunieron por parte del Gobierno Nacional: los doctores Luis Ernesto Mejía Castro y la Doctora Luz Stella Arango de Buitrago, por parte de Ecopetrol S.A., el Doctor Isaac Yanovich Farbajarz, Héctor Manosalva Rojas y Lucy García Salazar, como representantes de la Unión Sindical Obrera de la Industria del Petróleo –U.S.O.- Los señores Gabriel Alvis Ulloque, Hernando Hernández Pardo y Roberto Schmalbach Cruz. Así mismo se hicieron presentes como testigos de lo que allí se acordó, los representantes de la iglesia. Presbíteros Francisco de Roux Rengifo y Darío Echeverry González; los representantes de la CUT Señores: Carlos Rodríguez Díaz y Gustavo Triana Suarez; por el consejo municipal de Barrancabermeja; los señores Daniel Patiño Mansilla y Claudia Andrade González, con el fin de llegar a un acuerdo para solucionar la problemática laboral en ECOPETROL S.A. (información tomada textualmente del acta del 26 de mayo de 2004).

Pero siendo realistas lo que dice dicha acta de levantamiento del cese, respecto a que el acuerdo se realizaba para solucionar la problemática laboral, no es como muchos pueden estar pensando realmente, muy evidentemente se observa que fue más que todo para evitar el despido de los más de 500 trabajadores de los cuales sus cartas ya estaban listas para ser enviadas al fax de la oficina de la USO Nacional.

Es decir que se firma dicha acta más que todo para proteger a los trabajadores que seguían apoyando la huelga y evitar con ello los muy posibles despidos de más de 500 trabajadores a nivel nacional, que muy al parecer, de no darse dicha salida decorosa, no hubiesen sido 253, sino alrededor de 753 despedidos en total o muchos más, sumándoles los 500 que ya estaban listos y se iban a efectuar de haber continuado el cese de labores.

El 28 de mayo se restablecen todas las labores e ingresan todos los trabajadores a ejercer sus labores rutinarias, tal y como lo hacían antes del 22 de abril del 2004 día en que empezó la huelga.

Pero, 248 trabajadores despedidos, producto de dicha huelga ya no podían ingresar a laborar, habían quedado despedidos, como único resultado de este conflicto huelguístico.

Sumándole los 4 compañeros despedidos con la resolución número 1115 iniciando la huelga, hasta ese momento un total de 252 despedidos, faltando un despido, el del compañero Jhon Freddy Restrepo quien era el Presidente de la subdirectiva del llano y quien fuese despedido semanas después de haber sido levantada la huelga. Para el gran total de 253 trabajadores despedidos como resultado final del conflicto huelguístico entre ECOPETROL y la USO en el año 2004.

Es importante decir que muy al parecer y según los informes de todo lo sucedido, se pudo preestablecer que en varias subdirectivas no existió el apoyo de los trabajadores que se informó en la asamblea de delegados en Fusagasugá, donde se informaba por todas las subdirectivas que se tenía el respaldo para participar de la huelga de más del 95 % de los trabajadores, por no decir que el 100% como muchas subdirectivas lo informaron.

Trabajadores recibiendo el informes del levantamiento de la huelga

En donde áreas tan importantes como el oleoducto entre otras, brillaron por su ausencia en el acompañamiento total de sus trabajadores en su participación, lo cual fue motivo de discusiones internas en la Junta Directiva Nacional de la USO, que llevaron a sancionar a dirigentes en especial del oleoducto por su poca o casi nula participación.

Es posible decir que en su momento los compañeros del Oleoducto o sus dirigentes, se dieron cuenta un poco tarde de que tal decisión de hacer la huelga en dicho momento donde ya se habían ejecutado dos duros golpes que dividían la empresa y privatizaban muchas de las áreas que eran realizadas por los trabajadores directos, no veían la razón para seguir perdiendo más, además al observar que el direccionamiento de la asamblea de delegados de que fuese con parálisis de producción, no había sido tenido en cuenta, lo cual garantizaba por el contrario su fracaso, todo ello hizo reaccionar a dichos líderes y trabajadores para que no se apoyase de forma decidida dicha huelga, si fuese ese el motivo por lo cual no apoyaron la huelga, diría que estaban haciendo un razonamiento muy importante y por ende su actuar pudiese estar dentro de lo razonable, lo inaceptable fue que dicho razonamiento, hubiese sido por fuera de la asamblea nacional de delegados de la USO y mucho después de haberse tomado la decisión de hacer la huelga…

Fue así como algunas de las subdirectivas no acompañaron, ni apoyaron de forma decidida el movimiento huelguístico, al parecer no se informó en la asamblea de la realidad que existía al interior de cada subdirectiva, en las cuales muy al parecer no existía un convencimiento de sus afiliados de ir a una huelga en un momento donde ya todo estaba consumado y ejecutado con anterioridad por la empresa y donde no se había hecho nada, como también existía mucha incertidumbre de que pasaría con sus empleos, desmotivación al no ver un plan estructurado donde cualquier circunstancia estuviese contemplada que con ello se garantizase incluso algunos aspectos básicos de salud para las familias de los trabajadores que fuesen despedidos, además de toda una estructura jurídica para defenderlos de cualquier proceso jurídico, poco entendimiento a lo que nos estábamos enfrentando al parecer no existió una mayor ilustración de lo que significaba una huelga, sus procesos, la historia de ellas, las forma de poderlas ejecutar según la normatividad vigente entre otras, como también el temor de algo a lo que se enfrentaban con mucho desconocimiento.

O por el contrario sus razones de no salir a respaldar dicha huelga era porque si tenían claro el panorama y sabían que se estaba cometiendo un grave error en ir a una huelga en el momento que no era el indicado porque ya ese momento indicado había pasado y no se hizo nada para evitar la división de la empresa y la privatización de muchas de las labores ejecutadas anteriormente de forma directa, además de entender y conocer que existía ya un plan de emergencias estructurado que garantizaría la producción a nivel nacional, y aún más con el cambio de caracterización de dicha huelga, entendieron que no existiría un elemento de cambio para buscar realmente una posible negociación y que al cambiarle su caracterización de que fuese una huelga con parálisis de producción a que fuese una huelga política donde solo se realizarían marchas sin tocar para nada la producción, entendían que se garantizaba el fracaso total de dicho proceso huelguístico y por eso no lo apoyaron…

Se pretendía mantener a todos los trabajadores por fuera de la producción, para que de esta forma dicha huelga política hubiese incidido en una parálisis de producción, al no tener a la gran mayoría de los trabajadores respaldando dicha producción, esto nunca se dio, si bien existió mucho acompañamiento de los trabajadores en sus inicios, esto no quería decir que fuesen todos o por lo menos una inmensa mayoría la que realmente estaba acompañando la huelga, recordemos que existía toda una estrategia consolidada de la empresa llamada "Plan de emergencias" para garantizar dicha producción. Además del ataque certero con despidos a los trabajadores de la refinería de Barrancabermeja, casabe, el centro, cantagallo y otras áreas en el país, generando con ello mucho miedo e incertidumbre en muchos trabajadores que al ver todos esos despidos decidieron entrar a laborar y ser parte de dicho plan de emergencias...

Dejando al área de Barrancabermeja con el mayor número de despedidos siendo esto un duro golpe que conllevó a que el sindicato mediante acuerdo entre el gobierno y empresa buscara la mejor forma para evitar sumar más despedidos a dicho conflicto, en los últimos días de la huelga se tenía una información muy real, de que venían más de 500 cartas de despidos de más, de las ya concretadas 252, hasta ese momento, es decir una masacre laboral, dicha información hizo posible la firma del acuerdo del levantamiento del cese, para evitar dicho descalabro y acrecentar aún más la problemática para el sindicato al sumar un promedio de 800 trabajadores despedidos cosa que hubiese sido algo muy difícil de sobrellevar.

Para algunas personas que de pronto no leyeron y aún no han leído los acuerdos de dicho levantamiento del cese, y muchos otros que no saben y no se enteraron del contexto de todo lo sucedido previamente antes de dicho conflicto huelguístico y su desenlace, repiten como loros lo que algunos quieren hacer ver a todo el mundo, que dicha huelga "fue un éxito", que es lo mismo que tapar el sol con un dedo. El que lo quiera aceptar así que lo acepte, no hay problema, de pronto por desconocimiento, solo invitarlos a que verifiquen con documentos en mano de todo el contexto, y las reales ganancias de dicho conflicto…

Como pudimos ver y analizar con todo lo aquí presentado con documentos y datos reales de los sucesos vividos previos y durante el conflicto, es muy posible que se tenga una opinión más informada y concreta al respecto.

Incluso el mismo historiador Renán Vega Cantor, que realizó un trabajo de 2 tomos para la USO, de nombre PETRÓLEO Y PROTESTA OBRERA en el tomo 2 en la página 435, dice y ratifica que lo único que quedó de la huelga del año 2004 fueron los 253 despedidos nada más, lo demás que se pretendía no se logró.

Siendo objetivos podemos concluir que este proceso de la huelga del 2004 fue un rotundo fracaso, miremos la imagen que nos presenta el historiador Renán Vega Cantor donde se observa con mayor claridad todo lo que se logró y también lo que no se logró, es importante revisar la historia desde los hechos y no desde lo que se dice por ahí...

Es desde el análisis consciente de los motivos que nos llevaron a la huelga como lo fuese el decreto 1760 hoy en día más vigente que nunca y avanzando a gran escala, y el laudo arbitral del 2003 y todo lo que esté privatizó y desmejoró al borrar de la convención colectiva de trabajo, el artículo segundo, que disponían las actividades que se podían contratar y cuales eran realizadas con personal directo, hoy en día todas esas actividades borradas de la convención, son realizadas por empresas contratistas, es decir que muchas de estas actividades fueron privatizadas al anular dicho artículo segundo, como también todo el efecto que tuvo la pérdida de la estabilidad laboral, la cual ha conllevado a que se despidan trabajadores con los llamados viernes negros, lo que corresponde a que de forma periódica la empresa despide sin ninguna justificación los trabajadores que necesite despedir haciéndolo por lo general los días viernes, es ya una actividad que se repite de manera muy frecuente...

Según todos los análisis y debates que se dieron en la asamblea de delegados que se realizó en Fusagasugá, donde se aprobó la huelga con parálisis de la producción, fueron encaminados a justificar la huelga para recuperar en especial esos dos grandes eventos desafortunados de la historia: *El laudo y el decreto 1760 ambos del 2003.*

Cuadro No. 7
Balance de la huelga de 2004 para la USO

Objetivo	Resultado
Recobrar el manejo soberano de los hidrocarburos	No se logró
Abrir un debate nacional sobre el Decreto 1760 y lograr su derogación	Se abrió un debate parcial, pero no se logró
Limitar el accionar de las transnacionales y privilegiar el interés nacional	No se logró
Consolidar un Frente Patriótico por la defensa de Ecopetrol	Se generó simpatía pero no se canalizó
Dotar a Ecopetrol de mecanismos y recursos para realizar la actividad petrolera	No se logra al lanzarla a la competencia salvaje con las transnacionales
Revisar la forma como se fijan los precios de los combustibles	No se logró
Anular el laudo arbitral y hacer respetar la Convención Colectiva de Trabajo	No se logró
Garantizar el derecho de asociación y libertad de los detenidos	Se logró parcialmente
Lograr el reintegro de los despedidos	No se logró

Balance de la huelga descrito por el historiador Renan Vega Cantor en la página 435 del libro "PETRÓLEO Y PROTESTA OBRERA"

Y tal como lo menciona el historiador Renán Vega Cantor, tal y como podemos observar en el cuadro de la página 435 del libro *"PETRÓLEO Y PROTESTA OBRERA"*, donde sintetiza los resultados de la huelga, y concluye que no se logró absolutamente NADA.

Más bien se perdió ya que se debilitó la confianza y disciplina sindical que tenía los trabajadores directos de Ecopetrol afiliados al sindicato, los cuales hoy ven un mitin, un paro o cualquier actividad sindical con mucho temor de ser procesados o despedidos.

Por el contrario, la gran ganadora en este conflicto fue la empresa, quien mantuvo al sindicato por varios años enredado buscando solucionar de alguna forma, el tema de los 253 despedidos que dejó el proceso huelguístico, entre otros, que se desprendían de los efectos que había dejado el laudo y el decreto 1760 ambos del año 2003.

Es importante decir que, si la huelga se hubiese realizado con parálisis de la producción, es muy posible que nada de esto hubiese sucedido, incluso si se hubiese hecho en algunos de los dos momentos anteriores (Laudo y decreto 1760), toda esa política de división y privatización es muy posible que no hubiesen prosperado...

E incluso, gracias a todos estos procesos de debilitamiento del sindicato, el gobierno y la empresa pudieron articular la venta de acciones en el 2007 y la privatización de los oleoductos, mediante el traslado de sus trabajadores y todas sus actividades a una nueva empresa llamada CENIT.

Con estos otros sucesos podemos evidenciar el duro golpe que realmente se le dio a toda la estructura de la empresa y en especial al sindicato, donde hoy lo que falta por privatizar puede ser muy poco, pero como lo hemos dicho, cada proceso es diferente, esto para referirnos a los comentarios del Presidente que lidero dicha huelga del

2004 que según él, la huelga se hizo para evitar ser liquidados como a Telecom, lo cual fue determinado en la ley 790 del 2002, al igual que otras alternativas para las demás empresas estatales, lo que realmente no evidenció el Presidente de ese momento era que el proceso para Ecopetrol no era el de una liquidación como la de telecom, era diferente su proceso, aunque al final dicho proceso su resultado siempre fue un proceso de privatización como tal para ambas empresas.

El cual estaba enmarcado en éstas dos grandes estrategias como lo fue inicialmente la de privatizar en un alto porcentaje todas las actividades que se realizaban al interior de Ecopetrol de forma directa, para ser realizadas mediante empresas privadas, llamadas empresas contratistas, lo cual lo logró con la imposición del Laudo Arbitral Obligatorio del año 2003, donde no se hizo nada para evitar la conformación del tribunal obligatorio que decretó el LAUDO ya conocido, y luego con la utilización de la mencionada ley 790 de 2002 que le daba facultades extraordinarias al Presidente de la República para: " d) Escindir entidades u organismos administrativos del orden nacional creados y autorizados por la ley, y (…) f) Crear las entidades u organismos que se requieran para desarrollar los objetivos que cumplían las entidades u organismos que se supriman, escindan, fusionen o trasformen cuando a ello haya lugar." Y por medio de esta ley poder ejecutar el decreto 1760.

Obviamente que para cada empresa dicho proceso de privatización era muy diferente aunque al final el resultado sería siempre el mismo (buscar que empresas privadas fuesen realizando la gran mayoría de las actividades que desarrollaba cada una de estas dos empresas de carácter estatal) y como al referirnos de "¿cómo se come a una ballena?" para el caso Ecopetrol que era un gran pez, obviamente no se podría digerir en un solo bocado, era necesario realizarlo por pedazos y fue así, como todo inició con los primeros dos grandes mordiscos, pedazos o procesos, como lo fueron el Laudo y el Decreto 1760, ya el resto se ha podido ir efectuando de forma mucho más fácil debido a que esos dos duros golpes aún siguen dando resultado, al ser muy estratégicos, que dieron en su parte más coyuntural, como lo sería la estabilidad de los trabajadores, la división de la estructura de la empresa con el decreto, como también la privatización que se llevó a cabo con el Laudo, ambos eventos ya habían quedado en firme en el año 2003, pudiéramos decir, sin correr el riesgo de equivocarnos, que la huelga se realizó un poco tarde.

Es decir que lo que decía el Presidente de la USO, en su comunicado público titulado, "La Historia nos dio la razón" que salió en el boletín oficial de la USO Nacional de fecha 22 de abril de 2005, que al final firma como Expresidente de la USO, en el cual si se revisa desde el fondo lo que quería expresar el expresidente no era más sino el de disculparse por la poca o nula reacción del sindicato para defender la Convención Colectiva, en el momento más indicado, donde debieron tomar una de las dos decisiones más importantes, retirar el pliego o haber realizado la huelga en ese momento previo al cierre de la etapa de arreglo directo de dicha negociación colectiva, marzo 21 de 2003, con solo haber tomado la decisión de retirar el pliego, se hubiese evitado la constitución del Tribunal de Arbitramento Obligatorio y por consiguiente dicho laudo es muy posible que no existiese…

Una de las muchas marchas que se hicieron en la huelga del año 2004

Justificando en dicho documento que Ecopetrol no se había privatizado gracias a la huelga, lo cual no es cierto, dicha privatización ya se había realizado delante de él, "al parecer él no sé estaba dando de cuenta.

" ¿Qué nombre le podemos colocar a lo que estaba ocurriendo en ese preciso momento, en donde estaban literalmente, despedazando la Convención Colectiva de trabajo en un tribunal obligatorio donde no se tenía a nadie que la defendiera, ni dentro ni fuera de él? Sin ninguna resistencia se permitió la constitución y desarrollo de dicho tribunal para que finalizara con lo que hoy conocemos como el LAUDO del 2003. En donde además de privatizar muchas de las actividades que se realizaban de forma directa, también acabaron con la estabilidad laboral de los trabajadores.

Sin ser todo esto suficiente, luego imponen el decreto 1760, en donde solo existió la intención de algunos pocos dirigentes con los trabajadores de la refinería de Barrancabermeja de tratar de impedirlo, quedando a la espera en una jornada de brazos caídos que duró más de 32 días, para la realización de la huelga, propuesta por el Presidente Rodolfo Gutiérrez a quien nadie en la junta quiso escuchar, permitiendo que el tiempo enfriará el buen momento que se había presentado, conduciendo a la normalidad en general y posterior firma del decreto 1760.

Podríamos decir que la huelga fue la ñapa, para acabar con la moral de los trabajadores y dejar a la nueva generación de dirigentes del sindicato, sumergidos en un gran problema con 253 trabajadores despedidos, entre otros inconvenientes que se desprendieron del Laudo y el decreto, ambos en el año 2003.

Como también lo dicho en el comunicado del cual ya hemos hablado anteriormente, titulado *"Mensaje Obrero – sindical de navidad petrolera, clasista y combativa"* que decía *"Si las huelgas no paran la producción, las huelgas no sirven para nada…"*

No es posible entender por qué se hace una huelga para tener a todos sus trabajadores afiliados al sindicato paralizados e inmovilizados en todas las sedes sindicales a nivel nacional, cuando el elemento primordial "LA PRODUCCIÓN," no se estaba tocando de ninguna forma, como esperando en cada sede, de forma disciplinada la notificación de cada despido…

Al parecer existió mucha incoherencia, en lo que se decía, lo que se hacía y lo que realmente estaba pasando en frente del presidente del momento y que de alguna forma él no alcanzaba a entenderlo, o por el contrario lo entendía muy bien, y los que nunca nos dimos cuenta de lo que realmente estaba sucediendo fuimos otros…

Los nuevos dirigentes que llegaron después de todo lo sucedido, a las diferentes Juntas Directivas tanto de las subdirectivas como de la Junta Directiva Nacional de la USO, les ha tocado un trabajo un poco más complicado, mediante convenciones colectivas parcializadas con cada empresa, que maneja individualmente cada una de las funciones que antes del laudo eran realizadas de forma directa por Ecopetrol, y que hoy son manejadas por empresas contratistas, que le niegan a sus trabajadores hasta la hora para poder almorzar, esta y muchas más violaciones son el pan de cada día en las nuevas convenciones con cada empresa contratista.

Este proceso que dejó el Laudo del 2003 se convirtió en un gran desgaste para toda la organización sindical y sus trabajadores afiliados.

Hay algo muy relevante y de gran efecto al interior del sindicato que dejó dicho proceso huelguístico del 2004, el cual debilitó al sindicato y que no se ve de forma palpable, que es la disciplina, el respeto, la moral, la convicción, la firmeza, la beligerancia que tenía su base de los trabajadores directos y trabajadoras directas, en todas las área de la empresa que poco a poco se fue diezmando y que si se analiza bien a fondo, este si fue un duro golpe a estos valores difíciles de levantar hoy en día, muy a pesar que la tarea se viene realizando y en muchas partes ha mejorado y muchos dirigentes han empezado a retomar junto con los trabajadores afiliados que laboran para las empresas contratistas, que hoy en día se vienen convirtiendo en la fuerza más grande y de mayor respaldo para la organización sindical y que de alguna manera vienen enrutando nuevamente al sindicato en el rumbo de la beligerancia, pero este proceso aún tiene mucho por recorrer.

Por otro lado, este debilitamiento de la organización sindical conllevó a que se dedicarán las nuevas generaciones de dirigentes sindicales, a reacomodar los procesos con los trabajadores de las firmas contratistas afiliándolos y gestionando luchas, mediante convenciones colectivas para recuperar los derechos y beneficios perdidos con el laudo del 2003. Al igual que el proceso en búsqueda del reintegro de los trabajadores despedidos en la huelga.

"Los chiquilines." Así fueron llamados algunos de los nuevos dirigentes, que llegaron a ayudar y sacar adelante la difícil situación en la que había quedado toda la organización sindical, sus trabajadores y sus despedidos.

Es de vital importancia revisar y analizar el tema de las decisiones, que hacen parte en cualquier proceso de la vida para que éste tenga éxito o no. Después de todo ese duro conflicto podemos observar algunos desaciertos de muchas decisiones, que no se tomaron en el momento más necesario e indicado (tribunal obligatorio - decreto), otras que se tomaron de forma deliberada solo con la intención de dejar una constancia de que se hicieron cosas, muy al parecer sin buscar el resultado deseado (huelga - parálisis de la producción -), también otras decisiones que se tomaron que parecieran no palparse, pero que también son decisiones, como la decisión de no hacer nada, que como tal puede pasar inadvertida, pero que en el fondo es también tomar una decisión (no hacer la huelga o retirar el pliego de peticiones en los momentos previos a la conformación del tribunal, y en el momento previo a la imposición del decreto en donde el propio presidente del momento Rodolfo Gutiérrez le solicitaba a su Junta hacer la huelga, más aun habiendo tomado la iniciativa los propios trabajadores en un gran paro el 21 de febrero de 2003 en rechazo a este decreto que dejó a la refinería totalmente paralizada.

De los 253 despedidos de la huelga 87 de ellos fueron pensionados mediante el acta de acuerdo de levantamiento del cese, es importante recordar que varios de los líderes sindicales de la Junta Directiva Nacional de la USO, nos decían a los despedidos que no se iban a acoger a su pensión hasta que no fuese reintegrado el ultimo despedido de esta huelga. Apenas salió el acuerdo de levantamiento del cese, en donde se acordaron pensiones plenas y proporcionales para algunos de los trabajadores despedidos que cumplían con dichos requisitos plenos de plan 70 completos y otros trabajadores despedidos que sus edades coincidían con los requisitos de las pensiones proporcionales acordadas allí, dichos dirigentes de la Junta Directiva Nacional de la USO, que decían iban a esperar el reintegro de todos los despedidos se pensionaron de inmediato, solo el señor Manuel Pianeta trabajador del distrito de casabe y Wilson Ferrer quien fuese el Presidente de la subdirectiva Bucaramanga y estuviesen también en la larga lista de despedidos teniendo ambos los requisitos para poder acogerse a su pensión de jubilación plena, no accedieron a sus pensiones de jubilación teniendo los requisitos para hacerlo, se quedaron para acompañar y ayudar en todos los procesos que se gestaron por parte de todos los despedidos en búsqueda del reintegro de todos. Qué gran ejemplo de integridad Compañero Manuel Pianeta Y Wilson Ferrer.

Aunque es comprensible el actuar de ellos, los que se pensionaron, ya que de no acogerse a la pensión de jubilación ellos y sus familias no tendrían ningún tipo de beneficios que traía ser pensionado de Ecopetrol, como lo era estar cobijado por todo el servicio de salud que Ecopetrol de forma directa le brinda a los pensionados, trabajadores y sus familiares, como también los planes educacionales para sus hijos, además de la mesada pensional, que ya tenían ganada por cumplir dichos requisitos de pensión, en eso estamos muy de acuerdo que lo hicieran, lo que no entendemos es para que se colocaban a prometer algo que desde ya ellos sabían que no iban a cumplir.

Es importante resaltar que todo esto que nos dejó el Laudo arbitral del 2003, se ha ido mejorando en convenciones colectivas por cada empresa o sector de trabajadores, una tarea bastante dispendiosa y de mucho trabajo para la actual dirigencia sindical.

Fue tan contundente el golpe que recibió el sindicato, que el miedo de ser despedidos por cualquier situación llevó a que los trabajadores se organizaran y crearan más de 30 sindicatos al interior de la empresa, para buscar un fuero sindical que los protegiera de la posibilidad de ser despedidos por cualquier situación, en especial la de los viernes negros, donde de forma esporádica "los viernes," se hacían despidos de trabajadores sin causa alguna, al no existir la estabilidad era más fácil realizar dichos despidos, dejando en la calle incluso a trabajadores de la nómina directiva, nadie se salvaba del "viernes negro"...

Todos estos sucesos que dejaron dichos procesos de Laudo del 2003, decreto 1760, la huelga del 2004, y otros más, han conllevado a que el sindicato se fuese dividiendo, donde aún hoy en día no han podido superar las diferencias personales, sectoriales y se ha entrado en una lucha interna por tener el control de las mayorías en las diferentes juntas al interior de la organización, en especial en la Junta Directiva Nacional, lo cual ha llevado a no conseguir el consenso, para poder dar una pelea unificada, para salvar áreas tan importantes como lo fueron los oleoductos que hoy ya hace parte de una filial llamada CENIT en donde no se pudo llegar a un acuerdo integral para dar esta pelea, que no se dio, y que hoy muchos se lamentan de no haberla dado. Entre otras áreas donde la administración de Ecopetrol viene avanzando de forma acelerada como son los campos de producción y al interior de las refinerías con las áreas de mantenimiento, y el área de materiales que ya casi en su totalidad son manejadas por empresas contratistas o filiales a nivel nacional, es decir privatizadas y desmejoradas las condiciones a los trabajadores que hoy ejecutan dichas labores.

Es decir, el proceso continúa pedazo por pedazo...

Podríamos decir que el Gobierno y la empresa, tenían muy bien organizado y estructurados todos sus movimientos, por pedazos, ya que era muy difícil en su momento hacerlo de un solo golpe, como lo hicieron con telecom, como hemos dicho, que para cada empresa el proceso era diferente pero el resultado al final siempre era el mismo. Iniciando con el Laudo Arbitral del 2003, el decreto 1760, y ya para rematar con la Huelga del 2004, donde se le dio una gran oportunidad para que Ecopetrol acabara con la motivación y la fuerza para defender lo que se tenía que defender, pero en el momento que se estaba dando y no mucho después cuando se hizo, y no tuvo el acompañamiento esperado, al parecer todo fue muy mal calculado y ejecutado, al cambiarle al final la caracterización de dicho movimiento, lo cual evitó la parálisis de la producción, muy necesaria para haber tenido un mejor desenlace de los objetivos debatidos y aprobados en la asamblea de delegados, (Echar para atrás el laudo y el decreto, revisar la forma como se fijan los precios de los combustibles, recuperar el manejo soberano de los hidrocarburos, privilegiar el interés nacional de los hidrocarburos, entre otros puntos).

En muchas ocasiones fuimos tratados los despedidos de la huelga del año 2004, como el *"LASTRE"* de la organización sindical, cuando ya no éramos trabajadores directos y activos, obviamente por acatar las directrices de la organización sindical, lamentablemente nos habíamos convertido en un problema para ellos. Difícil de entender, cuando en un principio nos proclamaban como *"los héroes"* de dicha huelga...

Además, algunos trabajadores "compañeros de trabajo" cuando veían que un despedido caminaba por la misma acera, se hacían de la acera contraria para no toparse con él, y de alguna forma evitar que éste (el despedido), le pidiese algún tipo de ayuda, es decir éramos estigmatizados hasta por nuestros propios compañeros de trabajo.

Pero gracias a DIOS, y a muchos factores se dio el reintegro que aún no hemos capitalizado para volver a motivar a los trabajadores a pelear por sus derechos y beneficios. La organización sindical debió de aprovechar este gran logro del reintegro de todos los despedidos de la huelga para devolverle de alguna forma la moral y el deseo de luchar para defender sus derechos a todas y todos los trabajadores a nivel nacional, aun no se ha hecho este gran reconocimiento a la lucha y unidad forjada con este gran acuerdo de reintegros de todos los despedidos de la huelga del 2004.

Muchos no volvieron a levantar su voz para exigir respeto y mejoras laborales, a la vez la administración de Ecopetrol, se adelantó y gestionó cámaras por todos lados, y con ello, empezaron a aplicar procesos disciplinarios de ley 734, buscando sanciones ejemplarizantes, y también procesos de despidos por la vía convencional, que acabó de aumentar el miedo y amedrentamiento que hasta hoy son el talón de Aquiles para los procesos de confrontación mediante acciones de hecho, ya que todas ellas son castigadas con procesos de despidos, que generan miedo y dispersión de los procesos de unidad y lucha por el restablecimiento de los derechos perdidos en dicho Laudo Arbitral, entre otros.

La empresa fue muy diligente en cada día, al hacer despidos de trabajadores, lo cual era algo atemorizante, se convertía en un calvario la llegada a cada sede del sindicato, y enterarse que el nombre de cualquiera de los trabajadores que acompañaban el movimiento huelguístico estaba en el listado de las cartas de despido, que habían llegado al fax de la USO.

Es decir, que la empresa muy al parecer si tenía un plan bien elaborado, para poder, por un lado sostener la producción con el muy bien estructurado y entrenado Plan de Emergencias, porque incluso fue cuando más se produjo, según registraron todos los periódicos a nivel nacional para el mes de mayo de 2004, y por el otro lado, con el miedo que producían los despidos, a los que aún no habían sido despedidos, y para finalizar al anunciar la llegada de más de 500 despidos de más, desesperó a los obreros, para que influyeran en sus dirigentes en búsqueda de una salida decorosa a tan lamentable situación.

Es importante sacar como conclusión y no solo para este proceso, sino para todas las etapas de la vida de cada quien. Que antes de iniciar cualquier proceso, proyecto, sueño, meta, e incluso para el caso en mención un conflicto huelguístico.

Siempre debemos tener una estrategia previamente desarrollada, donde se tenga en cuenta cualquier situación que se pudiese presentar. No esperar que las cosas se vayan presentando para empezar a pagar incendios lo cual se vuelve incontrolable.

Que no sea solo decir, que salimos a una huelga, sino decir que, "GANAMOS LA HUELGA", no se debe pensar solo en dejar una constancia histórica. Una huelga no se gana con solo decirlo o querer que todos piensen y digan lo mismo, es desde el balance de lo propuesto, con lo realmente conseguido.

Comprender que cualquier decisión que tomemos en nuestras vidas individualmente y colectivamente, e incluso las que no tomemos, todas ellas tienen y tendrán un gran impacto a futuro, es por eso que debemos tomarnos el tiempo de forma apresurada en algunos momentos, para analizar desde las realidades y desde los posibles efectos a futuro de cada decisión que tomemos, sin dejar por fuera aspectos que para algunos pueden ser insignificantes, pero que pueden ser de gran relevancia en el proceso. Todo cuenta, para así, poder tener el control de las probabilidades y tomar de forma consciente las mejores y urgentes decisiones.

Perder valores tan importantes, como la confianza, la disciplina, el respeto, la beligerancia y muchos más, que son difíciles de reconstruir. Hace necesario realizar los análisis a fondo antes de tomar cualquier decisión, existen siempre dos posibilidades, la de ganar y la de perder. Pero realmente el que gana es el que aprende a controlar sus emociones y no se lanza a todos los trapos rojos como un toro enardecido, analiza, piensa, pregunta, consulta y busca que todo su equipo opine, los escucha, y junto con ellos toma las mejores decisiones, desde las probabilidades de tener éxito como también de no tenerlo, y antes de que suceda, tiene una respuesta para evitar que dicha probabilidad de que las cosas no salgan bien, no se profundicen evitando al máximo perder más de lo proyectado.

Este es un claro ejemplo, de cómo, al no planear y conocer muy bien los posibles efectos de cada decisión, puede conllevarnos a repetir de forma coordinada los mismos errores una y otra vez, de forma muy disciplinada. Los hechos y los resultados son los que son, así no se quieran reconocer como tal.

Lo más difícil del ser humano es reconocer sus propios errores, es por eso, que son muy pocas las personas que logran ser realmente exitosas, obviamente, que no solo es exitoso el que siempre gana, sino aquel que entiende el sentido de su vida y se enfoca en ello para lograr así su real y total felicidad.

Levantamiento de la huelga

Empezar este capítulo describiendo algunas apreciaciones del acta de acuerdo del 26 de mayo, donde se buscaba una salida para suspender los 500 despidos que muy posiblemente se iban a ejecutar de no darse este acuerdo de levantamiento de dicho proceso huelguístico.

En dicha acta se Acuerda el punto: 2.2.1.

"*Pensión plena de Jubilación. La empresa reconocerá este derecho a aquellos que al momento de la desvinculación laboral acrediten los requisitos para acceder a la pensión plena de jubilación de que trata el artículo 109 del Régimen Convencional.*

Pensión Proporcional de jubilación. Se reconocerá a aquellos que no se ajusten a lo señalado en el numeral anterior y que para el momento de su desvinculación laboral hayan reunido 58 o más puntos respecto a la modalidad pensional denominada plan 70 (Artículo 109 de la CCT) en la cual cada año de servicio equivale a un punto y cada año de edad equivale a otro punto.

Consecuente con lo señalado se reconocerá y pagará mensualmente una pensión especial de jubilación de carácter vitalicio, equivalente al 75% del salario promedio mensual devengado en los últimos doce meses de labores registrados en Ecopetrol S.A., y teniendo en cuenta que la base para liquidar esta proporción será el 75% establecido para el personal que cumple con los requisitos exigidos para el plan 70". (tomado textualmente del acta de acuerdo de levantamiento del cese con fecha 26 de mayo del año 2004).

Es importante volver a mencionar que algunos de los dirigentes de la Junta Directiva Nacional de la USO, contaban con los requisitos para acceder a una pensión plena de jubilación. Y que los 58 puntos que lograron acordar dentro de esta acta, para que los despedidos que tuviesen dichos puntos se pudieran pensionar con pensiones proporcionales, coincide con el promedio entre la edad y el tiempo laborado, del único trabajador miembro de la Junta Directiva Nacional del sindicato que fue despedido, al cual fue necesario crear una figura de pensión proporcional, para que no quedase por fuera de esta solución real al despido, bastante satisfactoria para los que fuesen acogidos con ella, los demás despedidos teníamos una alternativa no muy real y a futuro condicionada, donde al parecer su intención era volver a realizar los despidos, y justificar que habían sido bien ejecutados.

Como decían muchos trabajadores que se enteraron de esto…"Algunos dirigentes de la Junta Directiva Nacional del sindicato se lanzaron del avión, haciendo alusión a la huelga, con doble paracaídas incluido, es decir por un lado tenían ya cumplido todos los requisitos para acceder a su pensión plena de jubilación, y por otro lado, ellos mismos eran los que colocaban las reglas de juego para levantar dicho cese de actividades, mientras el resto de trabajadores nos lanzamos del avión sin ningún tipo de paracaídas, y como era de esperarse el golpe que recibiríamos era bastante fuerte al caer directamente contra el suelo," es decir que ellos tenían un doble seguro si eran despedidos, ya que varios de ellos tenían los requisitos de pensión plena, lo cual era un derecho adquirido que no les podían negar y en el peor de los casos al ser despedidos quedaban pensionados con pensión plena e incluso con pensión proporcional.

Como tal pudiéramos decir que, estás 68 pensiones proporcionales era el único real y verdadero logro de la huelga del año 2004.

Las 19 pensiones plenas, era un derecho adquirido que si o si dichos trabajadores tenían ya ganado.

Quiero aclarar que este tema de las pensiones es muy importante revisarlo, si bien existía desde antes de la huelga, algunos de los dirigentes que ya tenían asegurada sus pensiones y por ende sabían que no les iba a pasar nada así los despidiesen, no es coherente que algunos de ellos, hubiesen presionado desde esa condición de ya prácticamente estar pensionados, al resto de trabajadores e incluso decirles, por medio de un comunicado, y diversos discursos, que se tenían que sacrificar, como lo decían en su momento que: "En toda guerra o huelga habían sacrificados," sabiendo ellos que ya tenían su pensión plena, me parece muy insensato y desleal, lo cual revisando el contexto de dicho tema, ya ellos estaban asegurados al cumplir con los requisitos de pensión plena, no les quedaba nada bien decir e influenciar desde esa posición y perspectiva para que el resto fuesen sacrificados.

¿Por qué y para qué? Si se hubiesen hecho las cosas de la mejor manera posible, desde antes de la huelga, es posible que nada de todo esto hubiese pasado, donde se hubiese realizado la huelga en uno de esos dos anteriores sucesos, cuando existían todos los argumentos para hacerla, o en los dos, si fuese necesario, pero hacerla desde el poder de las decisiones bien tomadas, teniendo en cuenta todos los aspectos para tomar la decisión, que más le convenía a todos los trabajadores, y en el mejor momento, como por ejemplo, "haber tomado la decisión en el momento preciso de retirar el pliego de peticiones al ver que no existía ninguna posibilidad de cerrar dicha negociación con un acuerdo, como si lo hizo en su momento sintracarbon", lo cual hubiese impedido la constitución del Tribunal de Arbitramento Obligatorio y por ende el Laudo Arbitral que todos conocemos nunca hubiese existido...

Además, se acordó un mecanismo menos garantista para la población restante de despedidos, en búsqueda de una posible solución, como lo fue el Tribunal de Arbitramento Voluntario Ad – hoc.

Según el numeral 2.2.2. Tribunal de Arbitramento Voluntario Ad-hoc.

"Ante el desacuerdo planteado por los representantes de la Unión Sindical Obrera de la industria del petróleo – USO respecto de la decisión de la empresa de dar por terminados unilateralmente y por justa causa 248 contratos individuales de trabajo notificados por la empresa, con ocasión de la suspensión colectiva de trabajo declarada ilegal por el Ministerio de Protección Social, mediante resolución número 001116 del 22 de abril del 2004, desacuerdo que no comparte ECOPETROL S.A., por

estimar que el mismo carece de fundamentos de hecho y de derecho, las partes con el ánimo de propender por una solución oportuna a tal diferendo, acuerda constituir un Tribunal de Arbitramento Voluntario Ad-hoc que decidiría en derecho y según la normatividad vigente, incluyendo todos los aspectos sustanciales y procesales de la misma, las reclamaciones de los ex trabajadores cuya situación no se ubica en lo descrito del numeral 2.2.1. precedente y que se les terminó el contrato de trabajo por justa causa, con ocasión de los hechos derivados de la suspensión colectiva de labores iniciada el 22 de abril de 2004 exclusivamente, es decir, este organismo arbitral no conocerá ni definirá asuntos diferentes a despidos originados por los hechos aquí enunciados." (tomado textualmente del acta de acuerdo de levantamiento del cese con fecha 26 de mayo del año 2004).

Y en su numeral 3. Reanudación de labores, cesación de acciones administrativas de carácter laboral y préstamo a la USO.

En el punto 3.1. se define el tema de "Reanudación de Labores.

"Como resultado de los anteriores acuerdos, la USO cesará la suspensión colectiva del trabajo, para lo cual adoptará las medidas e impartirá las instrucciones para garantizar que la totalidad de los trabajadores estén disponibles para la reanudación de las labores,

garantizándose así la normal operación y desarrollo de actividades comerciales, industriales y administrativas en ECOPETROL S.A., a partir del viernes 28 de mayo de 2004, a las 6 am., de acuerdo con la programación que para este efecto establezca la empresa." (tomado textualmente del acta de acuerdo de levantamiento del cese con fecha 26 de mayo del año 2004).

Con estos dos puntos lo que podemos evidenciar, es que desde ya Ecopetrol estaba diciendo que no era justo darles esa oportunidad de revisar los casos de los trabajadores despedidos, según ellos estaban bien realizados los procedimientos de despido, que dicha reclamación carecía de fundamentos de hecho y de derecho, y que con el ánimo de propender acuerdan crear dicho Tribunal para que defina la situación de los ex trabajadores, pero desde ya mencionaba que se iban a buscar según ellos, en derecho la negación de dichos reintegros, es decir que la cosa desde el mismo día del acuerdo se veía muy oscura para nosotros los despedidos. Además, el mismo presidente de la empresa, públicamente mencionó, que a todos los trabajadores despedidos se les iba a ratificar su despido en dicho escenario del Tribunal de Arbitramento Ad – Hoc, según él, los despidos estaban ajustados a las normas preestablecidas. Si bien no sucedió tal y como lo estaba mencionando el Presidente de la empresa, si fue algo muy parecido, el tribunal ordenó, que, a los trabajadores que fueron reintegrados, les aplicasen procesos de ley 734, donde la gran mayoría volvieron a quedar despedidos...

Era al parecer una puerta giratoria, donde posiblemente algunos entraban, pero nuevamente quedarían despedidos, era lo único que teníamos el resto de despedidos, para aferrarnos a una posibilidad de recuperar lo ya perdido, como lo eran nuestros trabajos con contratos a término indefinido.

Por otro lado, se restablecerían las labores, es decir que todos los trabajadores debían entrar a laborar, de acuerdo a las programaciones de los diferentes turnos de trabajo, que la administración le designase a cada trabajador y como nunca se debía hacer, un viernes, pero como dicha batalla se había perdido, el ganador disponía y colocaba las reglas de juego que él quisiese, y fue así, que debieron entrar a laborar todos los trabajadores un día inhabitual para hacerlo, el último día de la semana, y así fue que se firmó y se dispuso por la empresa. Por lo general y si hubiese sido, al contrario, que la batalla la hubiese ganado el sindicato, muy posiblemente la reanudación de labores hubiese sido el lunes.

En el punto 3.2 Cesación de acciones administrativas de carácter laboral.

"Con el ánimo de solucionar en forma definitiva las situaciones que generaron la anormalidad laboral al interior de Ecopetrol S.A., las partes acuerdan que a partir de la

fecha la empresa cesará las citaciones a descargos originados por los hechos del 22 de abril de 2004 y las terminaciones de contrato de trabajo por justa causa.

De igual manera la empresa se compromete a dejar sin efecto las acciones administrativas de carácter laboral que se hubieren iniciado y que a la fecha de la firma de esta acta de se hubieran notificado." (tomado textualmente del acta de acuerdo de levantamiento del cese con fecha 26 de mayo del año 2004).

Con esto, queda muy claro que la estrategia de continuar despidiendo y anunciar que venían más de 500 despidos de más, agudizó y aceleró la búsqueda de un acuerdo urgente para evitar que muchos otros trabajadores y muy posiblemente dirigentes sindicales no fuesen despedidos, motivo por el cual hizo agudizar el conflicto y doblegar a su dirigencia para conseguir este acuerdo, que sería una rendición para lograr un acuerdo de buen trato para los soldados que aun continuasen en el conflicto, y ser salvados de un posible despidos a muchos de ellos.

Está fue la decisión más acertada de todo este proceso, ya que si se hubiese permitido que se extendiera la lista de despedidos por encima de 800 trabajadores directos, hubiese sido algo que muy difícilmente se pudiese solucionar a futuro, muy por el contrario dejaría al sindicato mucho más afectado, donde es posible que todo lo que hasta hoy ha avanzado no lo hubiese podido hacer, debido al mar de dificultades, que esta gran cantidad de despedidos generaría a la dinámica del sindicato, como también fuese muy difícil organizar y ayudar de alguna forma a un número de despedidos tan considerable, creo que fue la mejor decisión que se pudo haber tomado en todo este proceso.

Muy a pesar que según información de los mismos trabajadores que estuvieron laborando durante todo el cese, ya no aguantaban más, y que estaban en esos últimos días decidiendo salir, y dejar las áreas paralizadas, lo cual hubiese podido darle un giro de 180 grados a lo que hasta ese último momento llevaba en pulso de quien ganaba o quien perdía este conflicto huelguístico.

Lo cual nadie a ciencia cierta podía conocer como una posible realidad, a no ser si se tiene una bola de cristal, como al parecer otros si la tenían, lo cual era un gran riesgo para toda la organización sindical, si se hubiese esperado lo que hasta ese momento no se había dado, y la llegada de dichos 500 despidos de más, era algo muy difícil de controlar, en la mente de los pocos que quedasen apoyando dicha huelga, si es que quedasen aún trabajadores apoyándola, además de la lamentable situación en la que podía quedar el sindicato. Lo mejor era no corre ese gran riesgo.

Pero, por algo DIOS dispuso que fuese así tal y como se dio, pudiésemos decir que para poder tener la argumentación real y veraz de los hechos que fundamentaron este libro y muchos otros que hacen parte de mi biografía que poco a poco les iré contando…

Se anexan las actas de dicho acuerdo, además puedes continuar leyendo la segunda temporada de la serie de mi biografía donde explico de forma muy completa todas las vivencias que se dieron durante alrededor de 9 años de intensa lucha que vivieron los despedidos que dejo la huelga del sector petrolero en el 2004, donde fue necesario realizar una gran marcha por todo el país, realizar una toma pacifica en un sitio estratégico de la refinería y pernotar allí durante muchos días con sus familias, intervenir de forma abrupta en una negociación colectiva en la ciudad Bogotá por parte de los despedidos y sus familias buscando soluciones a su problemática, gestionar diversos procesos jurídicos en diferentes escenarios para convalidar las herramientas necesarias que al final en la Comisión especial de tratamiento de conflictos ante la OIT encontrarse las justificaciones políticas y jurídicas para lograr el tan anhelado reintegro de todos los 253 trabajadores despedidos que dejo dicha huelga, y conseguir que lo imposible para muchos, fuese posible.

No fue nada fácil, es una historia muy compleja con dos grandes enseñanzas, que pueden servirte como referente en cualquier escenario de tu vida en lo personal o colectivo.

ACTA DE ACUERDO GOBIERNO NACIONAL - ECOPETROL S.A
- USO -

En Bogotá D.C., a los veintiséis (26) días del mes de mayo de dos mil cuatro (2004), en el Salón Rojo de la Conferencia Episcopal Colombiana se reunieron por parte del Gobierno Nacional: los doctores LUIS ERNESTO MEJIA CASTRO y la doctora LUZ STELLA ARANGO DE BUITRAGO; por parte de ECOPETROL S.A.: el doctor ISAAC YANOVICH FARBAIARZ, HÉCTOR MANOSALVA ROJAS, y LUCY GARCIA SALAZAR. Como representantes de la Unión Sindical Obrera de la Industria del Petróleo -USO-, los señores GABRIEL ALVIS ULLOQUE, HERNANDO HERNANDEZ PARDO y ROBERTO SCHMALBACH CRUZ. Así mismo, se hicieron presentes como testigos de lo aquí acordado, los representantes de la Iglesia: Presbíteros FRANCISCO DE ROUX RENGIFO y DARIO ECHEVERRI GONZÁLEZ; los representantes de la CUT: señores CARLOS RODRIGUEZ DIAZ y GUSTAVO RUBÉN TRIANA SUAREZ; por el Concejo Municipal de Barrancabermeja: los señores DANIEL PATIÑO MANSILLA y CLAUDIA PATRICIA ANDRADE GONZÁLEZ, con el fin llegar a un acuerdo para solucionar la problemática laboral en ECOPETROL S.A.

CONSIDERACIONES

Que dentro del conflicto colectivo se presentó el proceso de negociación colectiva ECOPETROL - USO y ante la falta de acuerdo de las partes en la etapa de arreglo directo, el Ministerio de la Protección Social ordenó la constitución de un Tribunal de Arbitramento Obligatorio, habiéndose proferido el respectivo Laudo Arbitral el 9 de diciembre de 2003, aclarado y complementado mediante providencia del 17 de diciembre del mismo año.

Que en razón a que la USO declaró la huelga el pasado 22 de abril, el Ministro de la Protección Social, mediante Resolución No.1116 de la misma fecha, resolvió declarar ilegal la suspensión colectiva de trabajo realizada por trabajadores de ECOPETROL S.A., lo que no comparte la USO por las razones de hecho y de derecho expuestas en su oportunidad.

Que según la Empresa, soportada en la Resolución señalada en el párrafo anterior, dio por terminado unilateralmente y por justa causa 248 contratos de trabajo, previo el agotamiento del procedimiento convencional establecido para tal efecto, frente a lo cual, la USO manifiesta su desacuerdo respecto al procedimiento adoptado por la Empresa para la toma de tales decisiones administrativas.

Que por otra parte, a lo largo del tiempo, el personal temporal ha recurrido a diversos mecanismos de presión para manifestar su inconformidad frente a la condición que tienen respecto de su vinculación.

Que la Constitución Política consagra como deber del Estado Colombiano, promover la concertación y los demás medios de solución pacífica de los conflictos colectivos de trabajo, entre los cuales se encuentran la negociación y el diálogo en el campo laboral y social; siendo la huelga decretada por la USO, una situación que ha venido afectando tanto a la Empresa como a la sociedad en general, por lo que se hace necesario encontrar una solución jurídicamente idónea, que permita viabilizar el normal desarrollo de las actividades de ECOPETROL S.A. y de sus relaciones laborales.

Bajo el anterior contexto, los representantes del Gobierno Nacional, de la Empresa Colombiana de Petróleos y de la Unión Sindical Obrera de la Industria del Petróleo - USO, con la mediación de la Conferencia Episcopal Colombiana y teniendo en cuenta las innegables connotaciones

ACTA DE ACUERDO GOBIERNO NACIONAL - ECOPETROL S.A.
- USO -

económicas, políticas y sociales de la problemática laboral que se presenta en ECOPETROL S.A. han llegado al siguiente,

ACUERDO

POLÍTICA PETROLERA

1.1 Acuerdos

Durante el presente Gobierno, se garantiza el carácter estatal de ECOPETROL S.A. en el marco de su naturaleza jurídica de sociedad pública por acciones, por lo que la misma, no será privatizada ni liquidada.

El Gobierno Nacional expedirá el Decreto Reglamentario del Decreto Ley 1760 del 26 de junio de 2003, cuyo contenido tendrá una aclaración específica, que una vez finalizados los contratos de asociación o sus extensiones que hoy en día están vigentes, los bienes muebles e inmuebles así como los derechos sobre la producción se mantendrán en cabeza de ECOPETROL S.A.

La USO y ECOPETROL S.A. adelantarán conjuntamente las gestiones indispensables ante el Ministerio de Hacienda y Crédito Público, para lograr que la Empresa cuente con las condiciones necesarias para desarrollar sus operaciones con autonomía financiera.

Para garantizar un mayor recobro de las reservas de los Campos de La Cira - Infantas y Casabe, la Empresa podrá hacer uso de las modalidades de contratación de servicios y/o inversión, que a su criterio sean las más convenientes. La operación y el mantenimiento de los Campos estarán a cargo de la Empresa hasta utilizar plenamente la capacidad de los equipos y mano de obra actualmente disponibles en los citados Campos. La infraestructura actual seguirá siendo de propiedad de ECOPETROL S.A.

El Gobierno garantiza que desarrollará el Plan Maestro de la Refinería de Cartagena, para ampliar la capacidad de refinación de 75 mil barriles a 140 mil barriles por día, incluida la producción de corrientes que faciliten el desarrollo de la industria petroquímica.

1.2 Aspectos que serán estudiados y discutidos de común acuerdo entre el Gobierno Nacional y la USO

Capitalización, manejo y administración del Fondo de Pensiones de ECOPETROL S.A. reafirmando su carácter de patrimonio autónomo y público.

Conformación de una comisión conjunta Gobierno- ECOPETROL S.A. -USO para la elaboración y presentación de un proyecto de ley de hidrocarburos ante el Congreso de la República.

Hacer un ejercicio conjunto para determinar el impacto que para ECOPETROL S.A. tiene el subsidio de combustibles y proponer una fórmula que le permita al Gobierno Nacional establecer un mecanismo tendiente a eliminar ese cargo de las cuentas de la Empresa.

ACTA DE ACUERDO GOBIERNO NACIONAL - ECOPETROL S.A.
- USO -

En el caso de las extensiones de los contratos de Asociación la Administración de ECOPETROL S.A. presentará a la USO la metodología, el modelo y los datos con los cuales se soportarán las decisiones que se tomarán al respecto. Así mismo, el Sindicato presentará sus opiniones y observaciones sobre los modelos, metodología y datos utilizados para que sean estudiados por ECOPETROL S.A.

1.3 Desacuerdos

1.3.1 Infraestructura de transporte de combustibles

Posición de la USO:

"ECOPETROL S.A. debe mantener la propiedad, operación y mantenimiento de los poliductos. Que dicha red se utilice exclusivamente para los productos de ECOPETROL S.A., para que esta pueda tener el manejo de sus derivados y no se quede con existencias en los centros de producción, lo que estrangularía a la Empresa."

Posición Gobierno:

"La infraestructura de transporte de derivados es de propiedad de la nación, y no puede limitarse al uso exclusivo de ECOPETROL S.A. Quien use la infraestructura paga por ella, lo cual se constituye en una fuente de ingresos adicionales para la Empresa."

Contratos de Concesión Moderna

Posición de la USO:

"La USO pide que haya participación de ECOPETROL S.A. en estos contratos, porque la Empresa tiene libertad de asociarse o no. La USO no concibe que a ECOPETROL S.A. se le cierre la participación en esos contratos."

Posición Gobierno:

"Si la Agencia Nacional de Hidrocarburos (ANH) le concede a una compañía entrar en una concesión, no está obligada a asociarse con ECOPETROL S.A. Tampoco esa compañía queda con el 100%, tiene que pagar regalías e impuestos. No puede sacar directamente el petróleo, debe dar a la Empresa la primera opción de compra utilizando la metodología de paridad de precio de exportación, sin fletes."

2. POLÍTICA LABORAL.-

2.1 Solución a la situación de temporalidad en ECOPETROL S.A.-

Con el propósito de resolver la situación laboral de aquellos trabajadores de nómina convencional vinculados a ECOPETROL S.A. mediante contratos de trabajo a término fijo, se conformará una comisión paritaria integrada por tres (3) representantes de la USO y tres (3) de ECOPETROL S.A., la que deberá ajustarse a los siguientes criterios básicos y que funcionará a partir del próximo lunes, a las 3:00 p.m. en la ciudad de Bogotá:

ACTA DE ACUERDO GOBIERNO NACIONAL - ECOPETROL S.A.
- USO -

Contratación Laboral

Vincular a término indefinido personal (en número a ser definido por la comisión establecida en este Capítulo) que hubiere celebrado contratos individuales de trabajo a término fijo a partir del 1° de enero de 2002, para lo cual, la Empresa seleccionará los candidatos de la denominada "Bolsa de Temporales de la Gerencia General del Complejo de Barrancabermeja" y del resto del país.

El personal señalado en el párrafo anterior, será vinculado de acuerdo con las condiciones y criterios que establezca la comisión creada en este Capítulo para definir el tema de la temporalidad. Queda entendido que a estos trabajadores se les aplicará el sistema general de seguridad social en pensiones y lo señalado por las disposiciones legales en materia de estabilidad laboral vigentes al momento de la fecha del ingreso. La fecha de ingreso de las personas mencionadas en este párrafo será definida por la Empresa.

Las contrataciones laborales estarán dirigidas a la ejecución de actividades operativas y propias de la industria del petróleo.

Pensión de Jubilación

Pensión plena de jubilación: Para aquellos que se hubieren vinculado con ECOPETROL S.A. mediante contratos a término fijo y que a la fecha de suscripción de esta Acta acrediten los requisitos para acceder a esta prestación.

Del mismo modo, se reconocerá una pensión especial de jubilación a quienes se hubieren vinculado con ECOPETROL S.A. mediante contratos a término fijo y que a la fecha de suscripción de la presente Acta, cuenten con 18 ó más años continuos o discontinuos de servicio a la Empresa en funciones de soldadura, sin consideración a la edad.

Pensión Proporcional de Jubilación: Se reconocerá a quienes se hubieren vinculado con ECOPETROL S.A. mediante contratos a término fijo, que a la fecha de suscripción de esta Acta de Acuerdo, tengan entre 10 y 15 años continuos o discontinuos de servicio neto y efectivo a la Empresa y 54 años o más de edad y que formen parte de la "Bolsa de Temporales de la Gerencia General Complejo de Barrancabermeja".

Así mismo, a quienes se hubieren vinculado con ECOPETROL S.A. mediante contratos a término fijo, que a la fecha de suscripción de esta Acta de Acuerdo, cuenten con más de 15 años continuos o discontinuos de servicio neto y efectivo a la Empresa y 50 años o más de edad y que formen parte de la "Bolsa de Temporales de la Gerencia General Complejo de Barrancabermeja".

Para los efectos anteriores, la Empresa reconocerá y pagará mensualmente una pensión especial de jubilación de carácter vitalicio, equivalente al 75% del salario promedio mensual devengado en los últimos doce (12) meses de labores registrados en ECOPETROL S.A. y proporcional al tiempo efectivo y exclusivamente laborado para la Empresa, teniendo en cuenta que la base para liquidar esta proporción será 20 años de servicio, que corresponde al tiempo requerido para el reconocimiento de una pensión plena de jubilación.

ACTA DE ACUERDO GOBIERNO NACIONAL - ECOPETROL S.A.
- USO -

Queda entendido que ninguna pensión proporcional podrá superar el 75% del salario promedio mensual señalado en el aparte anterior.

Para lo anterior será necesario adelantar conciliación individual con cada beneficiario ante la autoridad administrativa del trabajo, de acuerdo con cada caso particular.

Bonificación sin incidencia salarial

A las personas que conforman la denominada "Bolsa de Temporales de la Gerencia General Complejo de Barrancabermeja" y que no se encuentran ubicadas en las situaciones de que tratan los numerales 2.1.1 y 2.1.2. precedentes, la Empresa les reconocerá y pagará, por una sola vez, una bonificación sin incidencia salarial, que tendrá como único referente un parámetro de tiempo neto de servicio acumulado en la Empresa, según acuerdo celebrado por la Comisión Paritaria de Temporales hoy constituida.

Para lo anterior será necesario adelantar conciliación individual con cada beneficiario ante la autoridad administrativa del trabajo.

Personal no amparado por las soluciones anteriores descritas en el numeral 2° de esta Acta.-

La Empresa contratará a término fijo a aquel personal de la denominada "Bolsa de Temporales de la Gerencia General de Barrancabermeja" que no se beneficie de las posibilidades señaladas en el numeral 2° de este Acuerdo, cuando las necesidades así lo requieran.

2.2. Trabajadores despedidos - Suspensión Colectiva de Trabajo declarada ilegal por el Ministerio de la Protección Social el 22 de abril de 2004.-

2.2.1 Pensión de jubilación.

Pensión plena de jubilación: La Empresa reconocerá este derecho a aquellos que al momento de la desvinculación laboral, acrediten los requisitos para acceder a la pensión plena de jubilación de que trata el artículo 109 del Régimen Convencional.

- Pensión Proporcional de jubilación: Se reconocerá a aquellos que no se ajusten a lo señalado en el numeral anterior y que para el momento de su desvinculación laboral hayan reunido 58 ó más puntos respecto a la modalidad pensional denominada Plan 70 (Artículo 109 de la CCT), en la cual cada año de servicio equivale a un (1) punto y cada año de edad equivale a otro punto.

Consecuente con lo señalado, se reconocerá y pagará mensualmente una pensión especial de jubilación de carácter vitalicio, cuyo monto corresponderá a un porcentaje sobre el salario promedio mensual devengado en los últimos doce (12) meses de labores registrados en ECOPETROL S.A. y teniendo en cuenta que la base para liquidar esta proporción será el 75% establecido para el personal que cumple con los requisitos exigidos para el Plan 70.

Para el efecto anterior, se tendrá en cuenta la siguiente fórmula

ACTA DE ACUERDO GOBIERNO NACIONAL - ECOPETROL S.A. - USO -

Porcentaje Pensión Proporcional = Puntos (edad + antigüedad) * 75%
_____
70 Puntos

Monto de la Pensión Proporcional = Salario Promedio Mensual * Porcentaje Pensión Proporcional

Queda entendido que ninguna pensión proporcional podrá superar el 75% del salario promedio mensual señalado en el aparte anterior.

Para lo anterior, será necesario adelantar conciliación individual con cada beneficiario ante la autoridad administrativa del trabajo, de acuerdo con cada caso en particular.

2.2.2 Tribunal de Arbitramento Voluntario Ad-hoc

Ante el desacuerdo planteado por los representantes de la Unión Sindical Obrera de la Industria del Petróleo - USO, respecto de la decisión de la Empresa de dar por terminado unilateralmente y por justa causa 248 contratos individuales de trabajo notificados por la Empresa, con ocasión de la suspensión colectiva de trabajo declarada ilegal por el Ministro de la Protección Social, mediante Resolución No. 001116 del 22 de abril de 2004, desacuerdo que no comparte ECOPETROL S.A. por estimar que el mismo carece de fundamentos de hecho y de derecho, las partes con el ánimo de propender por una solución oportuna a tal diferendo, acuerdan constituir un Tribunal de Arbitramento Voluntario Ad-hoc, que decida en derecho y según la normatividad vigente, incluyendo todos los aspectos sustanciales y procesales de la misma, las reclamaciones de los extrabajadores cuya situación no se ubica en lo descrito en el numeral 2.2.1 precedente y que se les terminó el contrato de trabajo por justa causa, con ocasión de los hechos derivados de la suspensión colectiva de labores iniciada el 22 de abril de 2004, exclusivamente, es decir, este organismo arbitral no conocerá ni definirá asuntos diferentes a despidos originados por los hechos aquí enunciados.

El Tribunal de Arbitramento Voluntario Ad-hoc, estará integrado por cinco (5) Abogados Especializados en Derecho Laboral, quienes serán designados, teniendo en cuenta lo establecido en el artículo 454 del Código Sustantivo del Trabajo, así: dos (2) por ECOPETROL S.A. y dos (2) por la Unión Sindical Obrera de la Industria del Petróleo - USO; para efectos del quinto árbitro se seguirá el siguiente procedimiento:

a) En primer lugar, las partes de común acuerdo.
b) Si el propósito anterior no se cumpliera, cada una de las partes presentará un listado con cinco (5) candidatos. En caso de que en los listados presentados por las partes coincida un nombre, se designará a éste.
c) Decisión de listas anteriores por parte de los representantes de la Iglesia (Padres Francisco De Roux Rengifo y Darío Echeverri) y de la Directora de la Cámara de Comercio de Bogotá D.C. ó en su defecto, una persona de calidades equivalentes, a juicio de ECOPETROL, quienes de común acuerdo escogerán al profesional que tendrá la calidad de Quinto árbitro.

Cada una de las partes, esto es, ECOPETROL/USO reconocerá y pagará por separado los honorarios de sus árbitros designados para tal efecto ante el Tribunal de Arbitramento Voluntario Ad-hoc. El Quinto árbitro será cancelado por partes iguales entre ECOPETROL S.A. y la Unión Sindical Obrera de la Industria del Petróleo - USO -. Los gastos de administración, entre ellos los de papelería y de funcionamiento, estarán a cargo de ECOPETROL S.A.

ACTA DE ACUERDO GOBIERNO NACIONAL - ECOPETROL S.A.
- USO -

Una vez designados la totalidad de los Árbitros que conformarán el Tribunal, éste funcionará por un término improrrogable hasta de seis (6) meses, contados a partir de su instalación.

Se establece un plazo máximo de dos (2) meses, contados a partir de la instalación del citado organismo para que los extrabajadores puedan inscribir su caso.

Queda claro, que las decisiones que adopte el Tribunal de Arbitramento Voluntario Ad-hoc, vincula y obliga a las partes, por lo que las mismas deberán proferirse en el sentido de ordenar el reintegro o no del trabajador despedido, debiendo tratar, dentro del término improrrogable antes señalado (máximo 6 meses) todos los casos inscritos. Contra esta decisión no cabe recurso alguno.

El Tribunal de Arbitramento Voluntario Ad-hoc tendrá su sede procesal en la ciudad de Bogotá D.C. que es el domicilio de ECOPETROL S.A.

Adicionalmente, se contará con un Secretario (a) nombrado (a) por los Árbitros, quienes así mismo fijarán los honorarios de este (a) último (a).

Queda entendido que al mencionado grupo de extrabajadores la Empresa les otorgará servicios médicos y plan educacional en la forma en que los venía recibiendo durante la vigencia de la relación laboral, por un período máximo de cinco (5) meses, contados a partir de la fecha de suscripción del presente Acuerdo ó de seis (6) meses si al finalizar el quinto (5°) mes el Tribunal no ha concluido su mandato.

3 REANUDACIÓN DE LABORES, CESACIÓN ACCIONES ADMINISTRATIVAS DE CARÁCTER LABORAL Y PRÉSTAMO A LA USO.-

3.1 Reanudación de labores.-

Como resultado de los anteriores Acuerdos, la USO cesará la suspensión colectiva del trabajo, para lo cual adoptará las medidas e impartirá las instrucciones para garantizar que la totalidad de los trabajadores estén disponibles para la reanudación de las labores, garantizándose así la normal operación y desarrollo de actividades comerciales, industriales y administrativas en ECOPETROL S.A., a partir del viernes 28 de mayo de 2004, a las 6:00 am., de acuerdo con la programación que para ese efecto establezca la Empresa.

3.2 Cesación acciones administrativas de carácter laboral

Con el ánimo de solucionar en forma definitiva las situaciones que generaron la anormalidad laboral al interior de ECOPETROL S.A., las partes acuerdan que a partir de la fecha la Empresa cesará las citaciones a descargos originados por los hechos del 22 de abril de 2004 y las terminaciones de contratos de trabajo por justa causa. De igual manera, la Empresa se compromete a dejar sin efectos las acciones administrativas de carácter laboral que se hubieren iniciado y que a la fecha de la firma de esta Acta no se hubieran notificado.

Con el propósito de garantizar el armonioso desarrollo y la permanencia óptima de manera inmediata de las relaciones Empresa - Sindicato, las partes sólo podrán iniciar las acciones legales que consideren contra la declaratoria de ilegalidad de la huelga o del laudo arbitral.

ACTA DE ACUERDO GOBIERNO NACIONAL - ECOPETROL S.A - USO -

3.) Préstamo a la Unión Sindical Obrera de la Industria del Petróleo -USO-

Con el propósito de facilitarle a la USO la asunción de algunos gastos generados por la normalización de la actividad laboral, ECOPETROL S.A. le concederá a la citada organización sindical un préstamo por TRESCIENTOS SESENTA MILLONES DE PESOS ($360.000.000), sin intereses, y pagaderos en sesenta (60) cuotas quincenales de SEIS MILLONES DE PESOS ($6.000.000), cada una, las cuales se descontarán del monto correspondiente a las cuotas ordinarias de sus afiliados y beneficiarios de la Convención Colectiva de Trabajo.

El préstamo otorgado por ECOPETROL S.A. a la USO será desembolsado dentro de los quince (15) días siguientes a la fecha de suscripción de la presente Acta de Acuerdos.

Los efectos del acuerdo que se suscribe, representan ganancia para ECOPETROL S.A. en términos de costo - beneficio, lo que implica una adecuada proyección del retorno económico que tal operación genere para la Empresa.

4. PETRÓLEO, REGIÓN Y PAZ

Las partes acuerdan la conformación de una comisión de trabajo conformada por un (1) representante de ECOPETROL S.A. y uno (1) de la USO, quienes de manera conjunta con el Padre FRANCISCO DE ROUX RENGIFO definirán la fecha, lugar, temas a desarrollar y demás aspectos a tener en cuenta. Estas definiciones deberán estar listas a más tardar el 15 de junio de 2004.

5. COMITÉ ESPECIAL DE RECLAMOS - BARRANCABERMEJA Y EL CENTRO

Teniendo en cuenta la situación especial discutida y analizada en el día de hoy, el Ministerio de la Protección Social designará un funcionario de esa Cartera para que actúe como miembro en el Comité Especial de Reclamos de Barrancabermeja, con el fin de conocer y decidir sobre los cuatro (4) despidos presentados en esa ciudad, con ocasión de los hechos presentados el 24 de marzo del presente año.

Para constancia se firma la presente Acta en la ciudad de Bogotá D.C., a los veintiséis (26) días del mes de mayo del año dos mil cuatro (2004), siendo las 7:00 a.m. por quienes en ella intervinieron.

Queda entendido que al mencionado grupo de extrabajadores la Empresa les otorgará servicios médicos y plan educacional en la forma en que los venía recibiendo durante la vigencia de la relación laboral, por un período mínimo de cinco (5) meses, contados a partir de la fecha de suscripción del presente Acuerdo o de seis (6) meses si al finalizar el quinto (5°) mes el Comité no ha concluido su mandato.

LUIS ERNESTO MEJÍA CASTRO
Ministro de Minas y Energía

Vice-Ministra de Relaciones Laborales
Ministerio de la Protección Social

ACTA DE ACUERDO GOBIERNO NACIONAL - ECOPETROL S.A. - USO -

[illegible]
[illegible] de ECOPETROL S.A.

HÉCTOR MANOSALVA ROJAS
Director de Responsabilidad Integral
ECOPETROL S.A.

[illegible]
[illegible]
ECOPETROL S.A.

GABRIEL ALVIS [illegible]
Representante de la USO

[illegible] HERNÁNDEZ PARDO
Representante de [illegible]

[illegible]
[illegible]

P. FRANCISCO [illegible] RENJIGO
Representantes [illegible]

P. DARIO ECHEVERRI [illegible]
[illegible]

CARLOS RODRIGUEZ DÍAZ
Representante de las Centrales Obreras

[illegible]
Representante de las Centrales Obreras

[illegible] PATIÑO MANSILLA
Representante del Concejo Municipal de Barrancabermeja

[illegible]
Representante del Concejo Municipal de Barrancabermeja

Epílogo

Quiero manifestar que mi propósito con este libro no es encontrar culpables de algo que se hizo o que no se hizo, el objetivo de este libro es, mostrar desde mi biografía como vamos cambiando de mentalidad con cada experiencia de la vida, vamos nutriendo nuestra mente de sucesos que uno a uno nos van llevando por un camino diferente en búsqueda de nuestro real propósito, en donde esta dura experiencia de la vida que me dejaba sin un salario producto de un empleo indefinido, que para muchos otros parecía algo difícil de perder, pero la realidad era que se había perdido y que lastimosamente hasta que no nos suceden las cosas no vemos la necesidad de prepararnos para las diversas situaciones que pueda sobrevenir, lo cual nos puede posibilitar una ventaja en cualquier aspecto de nuestra vida en búsqueda de nuestras metas.

Me quiero referir a dos aspectos de gran relevancia necesario para lograr tus sueños, que sucedieron en todo el proceso mencionado, y que al hacer un análisis más a fondo pudiese decir que son los aspectos más relevantes de la vida a los cuales muchas veces no les vemos la gran importancia que tienen, a pesar de que convivimos cada día con ellos dos, donde uno es la consecuencia del otro, pero que al tiempo siempre prevalecerá uno por encima del otro el cual nos posibilita el real logro de nuestra meta, ellas son las decisiones y las acciones.

Nos queda claro con esta historia que si se hubiesen realizado una huelga como debe ser, es decir una huelga donde se garantizará la parálisis de la producción, mediante las acciones necesarias y suficientes para que dicho propósito fuese exitoso, así la decisión de realizar dicha huelga hubiese sido en un momento no indicado, o no hubiese sido la mejor decisión. Si se hubiese gestionado y realizado dichas acciones que garantizar una parálisis, otro fuese el final de dicho conflicto huelguístico.

La primera conclusión y enseñanza se da, al iniciar todo este proceso previo del contexto de la huelga y durante la huelga, en lo referente a las "decisiones" y sus posibles resultados, que para ambos casos, tanto la toma o no de las decisiones, ambas cuentan de la misma forma, una decisión que no se toma es también, "una decisión," para ello es necesario tener dentro del análisis todos los posibles resultados que se desprendan de cada una de dichas decisiones, sean favorables o desfavorables, así lograrás un contexto más amplio real y completo que te ayudará a tomar las decisiones más sabias, y por qué no, no tomar dicha decisión e incluso cambiarla por otra decisión.

De mayor relevancia, te proyecta a tener un plan de acción para el resultado de cada etapa del proceso, donde incluso de ser negativo en sus inicios, poder ajustar las acciones como lo hubiese sido retirar el pliego de peticiones y volverlo a presentar más adelante a sabiendas que el posible final fuese realizar la huelga, pero ya en ese momento mucho más organizados y garantizando la parálisis, lo cual cambiaria todo el resultado.

Si la decisión se toma y sus consecuencia son favorables o desfavorables, al igual que si la decisión no se toma y sus consecuencias también son favorables o desfavorables, es decir que todas las decisiones deben ser tomadas dentro de un contexto a futuro de sus posibles resultados, a la vez se debe definir cuales deberán ser las alternativas y soluciones previamente establecidas, y diseñadas para cada situación en particular, buscando siempre escuchar a todos los involucrados en el proceso, desde las realidades, siempre manteniendo el enfoque en los momentos más precisos para ejecutar dichas decisiones, ya que todo cuenta, así parezca exagerado o muy poco probable, todo debe ser tenido en cuenta, una buena decisión en un momento inoportuno puede generar un resultado negativo. Además, se debe tener diseñado un plan de recursos económico y los demás que sean necesarios para mantener a los trabajadores motivados durante todo el proceso huelguístico, en especial para cuando dichas decisiones no salgan como esperamos, es necesario garantizar, que las afectaciones personales tendrán una solución razonable y sustentable para cada uno de los posibles afectados en el tiempo.

La segunda conclusión y enseñanza como parte integral de esta historia, se presenta en el complemento de la anterior, la cual es la parte más significativa de cualquier decisión, donde si no se tiene el ingrediente más importante no podemos tener el resultado esperado y es definitivamente, "La acción", tal y como lo hemos dicho durante todo el relato de esta sentida biografía. "Un sueño, una idea, una decisión sin acción, es solo un pensamiento que nunca será una realidad".

Donde se fue generando una idea, como solución a diversas situaciones, que al final no paso de ser solo, eso. Le falto el ingrediente más importante la acción, que conllevase a la materialización de una huelga como debe ser, con la parálisis de la producción. Por el contrario, los mismos que gestionaron la asamblea de delegados a nivel nacional, para que tomase y aprobarán dicha decisión de la huelga, fueron los mismos que al final en la declaratoria de la misma, le cambiasen el carácter a la huelga, y pasase de ser una huelga con parálisis de producción a una huelga política, con ello estaban garantizando que no se diese la parálisis en la empresa y por ende el comienzo su fracaso como al final ocurrió.

Un ejemplo del mejor manejo de las decisiones de forma más razonable buscando que su objetivo realmente tuviese un final positivo, en mismo sector de la energía como lo fuese el carbón, en donde después de visualizar que el proceso de negociación iba a terminar en un conflicto huelguístico, tomaron una nueva decisión para establecer un equilibrio de fuerzas para garantizar la parálisis de la producción y con ello el éxito de la huelga, decidieron retirar el pliego y posponer la huelga para más adelante tener el éxito que estaban visualizando.

A pesar de haber sido un duro golpe todo lo vivido, producto de dicha huelga como lo fuese haber estado despedido por más de 9 años. Marco mi vida en muchos aspectos.

Debes pensar que a pesar de tener algo supuestamente seguro, el futuro siempre será impredecible y es necesario cada día estar en constante aprendizaje y desarrollo para prepararnos de cualquier situación que se nos pueda presentar.

Debemos tener muy presente dentro de la toma de decisiones, las decisiones que no se toman, las cueles no les damos el peso y la importancia que pueden llegar a tener, siendo incluso más relevantes que las decisiones que al final tomamos, en donde será mejor en algunos casos no tomar ninguna decisión para lo cual debemos de hacer el análisis pertinente antes de tomar cualquier decisión.

Al final el atenuante de haber tomado una mala decisión, una decisión en un momento inoportuno o una buena decisión, si no se hacen los análisis necesarios para garantizar la realización de las acciones necesarias, en donde inclusos retroceder, o enfrentar la situación con firmeza por difícil que sea, con un convencimiento permanente de que al ejecutar las acciones más convenientes será siempre muy posible salir de un proceso lleno de dificultades donde aparentemente el final pudiese ser la perdida como tal, pero que si se hacen las cosas como deben de hacerse con persistencia y consistencia será más que posible que cualquier decisión que tomes tenga el resultado esperado.

Sobre el Autor

Javier Hernández Acosta, fue empleado de la Empresa Colombiana de Petróleos en Colombia: ECOPETROL S.A., desde el 07 de septiembre de 1997 hasta el 30 de noviembre de 2022, decidió acogerse a un plan de retiro que dispuso la empresa, para dedicarse a realizar sus nuevas metas, las cuales se fueron gestando después de haber sobrellevado la difícil situación de haber sido uno de los 253 despedidos de la huelga petrolera en Colombia en el año 2004. Dentro de sus metas están la de posicionar todos sus libros como best sellers y convertirse en un trader consistente muy exitoso.

Está casado con Liliana Isabel Pontón Sánchez, tiene dos hijos Ronald Javier y Sergio Andrés. Después de acogerse al plan de retiro, ha dedicado todo su tiempo a los temas de su preferencia como lo es el de escribir y persistir e insistir en el ejercicio diario de su trading, lo cual se ha convertido, es su mayor obsesión...

Con lo vivido en todo ese tiempo, en especial los procesos que se dieron en los años 2002 al 2013, marcaron en gran forma su forma de pensar, en especial en el tema de tener un "empleo seguro", al igual que estar dependiendo al 100% de un solo ingreso.

Con todo lo sucedido recomienda que aprendas un arte, profesión, o cualquier actividad que puedas desarrollar de forma ejemplar, sin estar vinculado a ninguna organización o empresa, a no ser que seas tú el dueño, o que haga parte de tu proceso para luego fortalecer tu propio emprendimiento.

Si lo haces, estarás más libre para enfocarte en aspectos de mayor relevancia, como el ser y tu real objetivo en este mundo. Lo más relevante e importante en la vida es el tiempo, no desperdicies ni un minuto…

Para terminar, queremos agradecerte por haber llegado hasta aquí, esperamos que esta historia te haga reflexionar en el actuar en situaciones parecidas desde el plano personal y colectivo, donde las decisiones y la acción hacen la diferencia de los posibles resultados. Te esperamos en la siguiente temporada "El reintegro"

Para contactarse con Javier, lo puedes hacer a cualquiera de los Correos: *jserjioro21@yahoo.es / javierlibros001@gmail.com*

Agradecimientos

Agradecer a DIOS, nuestro creador, quien siempre nos guía, nos ilumina, nos da la vida y la salud para poder realizar todas nuestras acciones del día a día, en el cual debemos depositar todos nuestros sueños y metas, para que sean de acuerdo a su voluntad y de la mano de él, poderlos construir y desarrollar como parte del propósito que él tiene para cada uno de nosotros.

Agradecer a mi familia mi esposa Liliana y mis dos hijos Sergio Andrés y Ronald Javier, que siempre estuvieron confiando en Dios y en todos los pasos que daba para ayudar en todo este proceso.

Agradecer a todos los 166 trabajadores que realmente llevaron el calvario de ser despedidos en dicho conflicto huelguístico del año 2004, y especialmente a aquellos que nunca perdieron las esperanzas por difícil que estuviera la situación, personas luchadoras y comprometidas con sus sueños y metas.

Agradecer a la Corporación Aury Sara Marrugo en cabeza del Compañero Cristobal, quien me facilitó algunas fotos de la época.

Milton Keynes UK
Ingram Content Group UK Ltd.
UKHW021436011224
451693UK00012B/1082